本研究受国家哲学社会科学重大项目《文旅高质量融合发展研究》（24&ZD213）资助

大型线性旅游空间研究

王 欣　徐晓文　王国权　等○著

中国旅游出版社

前　言

以 2019 年中共中央办公厅和国务院办公厅相关文件发布为标志，国家统筹谋划布局长城、长征、大运河、黄河、长江五大国家文化公园，从理念、布局、体制机制等方面，为中国文化遗产管理工作提出了新的思路。国家文化公园在中国原有文化遗产管理体系之上，布局了跨区域、跨部门、体制机制全面创新的全国性文化遗产管理体系骨架。

国家文化公园概念是中国首创，不仅在目标、内容和形式上与国家公园不同，也与一般文化遗产保护项目显著不同。但就规模而言，长城、大运河、长征、黄河、长江五大国家文化公园，均属巨型线性文化遗产体系，总跨度数万公里，总体涉及全国绝大多数一级行政区，这是中外历史上前所未有的。

目前确定的五大国家文化公园，在中国广袤国土上形成"三横两纵"的宏大架构。它们不仅自身将众多分散的点和段连接起来，还将与世界遗产—各级文物保护单位、历史文化名城（镇、村）、各级文博系统等，在国土空间上共同形成巨大的"三横两纵多节点"的国家文化遗产空间框架。其中，"三横"为大体东西走向的长城、黄河、长江国家文化公园，"两纵"为大运河和长征（具体走向是从南方到西部再到北方）国家文化公园，"多节点"主要指空间上呈点状分布同时具有"标志性"意义的重要文化遗产，如曲阜三孔等。

新的特点和目标，要求理论研究和实践探索的跟进。一方面，"点"的建设仍然十分重要。在如此巨大的空间内搞建设，必然呈现"分散"局面。目前已确定的重点建设区（如长城之河北，大运河之江苏等）和重点建设项目，实际具体落脚于重要文化遗址或景区，其规模和能量仍相对较小。从区域发展的"点轴理论"来看，大范围的铺开建设要取得更好的成效，必然需要一些重要"极点"的率先发展和引领带动。覆盖广袤国土空间的"三横两纵"架构需要强化核心节点，以实现纲举目张提质增效。另一方面，更需要加强的是"线"与"面"的研究和实践。与国际文化遗产学界更多强调"完整性"的趋势一致，国家文化公园事业，将大大促进中国文化遗产管理在空间上从点走向线，甚至网和面的格局的形成。国家文化公园这一巨型线性空间，在理论和底层逻辑上需要夯实基础的问题很多——游客如何辨识、到达和体验？相关服务业态应当怎样合理布局和经营？基础设施如何有效率地铺展？管理者如何界定管理边界和责权？区内数量众多的城镇和人口如何合理安排？

本研究，仅选择旅游活动开展这一角度，就大型线性旅游活动空间的形态、机理和管理模式进行初步探讨。本研究是国家社科艺术学重大课题《国家文化公园政策的国际比较研究》（20ZD02）的研究成果之一。王欣、徐晓文、王国权全程参与了本研究，叶英洁、李丽艳、胡娟、邹明乐、周琳、朱丹梦参与了核心章节的研究和撰写。

目 录

第一章 大型线性旅游空间的内涵与基本特征 …………… 1
 一、基本内涵………………………………………………… 1
 二、基本特征与现实表现 ………………………………… 2
 三、相关概念………………………………………………… 6

第二章 大型线性旅游空间的理论基础 ………………… 12
 一、资源维度……………………………………………… 12
 二、旅游活动维度 ………………………………………… 29
 三、产业与区域维度 ……………………………………… 43

第三章 大型线性旅游空间的成因与类型 ……………… 53
 一、自然条件……………………………………………… 53
 二、文化遗产……………………………………………… 60
 三、其他人文活动或设施 ………………………………… 68

第四章 大型线性旅游空间的相关特征、机制与发展策略 ……… 73
 一、旅游者活动特征与机制 ……………………………… 73

二、目的地空间拓展机制 …………………………………… 81
　　三、目的地空间组织模式 …………………………………… 93
　　四、产品组织模式 ………………………………………… 101
　　五、发展策略与方向 ……………………………………… 106

第五章　国内外大型线性旅游空间案例研究 ………………… 114
　　一、国外案例 ……………………………………………… 114
　　二、国内案例 ……………………………………………… 127

第六章　关于长城与长征国家文化公园的思考 ……………… 151
　　一、长城国家文化公园 …………………………………… 151
　　二、长征国家文化公园 …………………………………… 155

第一章 大型线性旅游空间的内涵与基本特征

一、基本内涵

旅游目的地是旅游吸引物的空间载体，旅游目的地的空间结构是旅游开发与规划工作的重要依据。所谓旅游目的地的空间结构，是指旅游经济客体在空间中相互作用所形成的空间聚集程度及聚集状态，它体现了旅游活动的空间属性和相互关系，是旅游活动在地理空间上的投影，是区域旅游发展状态的重要特征。

学者们在认识和分析旅游目的地的空间结构时，通常首先将其初步划分为点、线、面三种空间形态，作为进一步分析相关特征和规律的基础。其中，"线状"或者"线型""线性"的空间形态一直以来受到了特别的关注。

关于线性旅游目的地（以及旅游地、旅游区、旅游吸引物等），相关研究展开的角度很多，研究内容主要涉及线性文化遗产、旅游廊道、风景道、遗产廊道、旅游线路、文化线路等方面。汪芳和廉华（2007）提出"线性旅游空间"的定义，指出"线性旅游空间"是依托于河流、山脉、古道、交通线、线状构筑物以及主题性历史事件等文化线路的旅游吸引物空间类型。这一定义强调从旅游研究角度对空间实体、历史变迁、民俗文化等物质和非物质遗产进行关注，而远非若干个景点简单串联起来的游览线路[①]。李翅和侯硕（2014）以北京传统中轴线为研究对象，分析了线性旅游空间模式及特征，指出其主要包含三大要素：一为布局在中轴线上的节点文化景观，保障轴线节点的吸引力；二为节点辐射范围内的周边功能结构，以周边吸引物带动轴线节点及南北向街衢的发展；三为保证轴线整体游览的具有内外可达性的交通体系。他们认为，线性旅游空间模式是一种流动性的聚集模式，既是城市物质、能量和信息的流通渠道，也是人们停留和交往的场所，具有动静两个方面的特征[②]。

综合前人的认识，我们提出"大型线性旅游空间"的概念（Huge Linear Tourism Space，HLTS），其含义主要指——围绕某一共同特征或原因建立起来的大尺度线性或带状空间，旅游吸引物、相关设施和服务，以及旅游活动，均依托和围绕这一空间展开，成为一种规模宏大、具有特定结构和一定功能的旅游目的地和产业形态。

二、基本特征与现实表现

1. 基本特征

根据前述概念界定，大型线性旅游空间具有以下基本特征：

第一，空间尺度大。这一特征又往往引出广泛资源整合、品牌整合与经营、遗产保护和利用，以及社区生活和经济发展复合、跨区域（尤其是

---

① 汪芳，廉华.线型旅游空间研究——以京杭大运河为例[J].华中建筑，2007（8）：108-112.

② 李翅，侯硕.基于线性旅游空间模式的北京传统中轴线空间活力塑造[J].国际城市规划，2014，29（4）：70-76.

跨行政区）管理等重大现实问题。大型线性旅游空间的大空间尺度和多个主要旅游吸引物决定了旅游者在空间内的游览活动通常持续数日（两天及以上），超出一日游的范围。

第二，综合性和结构性。一方面，大型线性旅游空间一定包含了多个主要旅游吸引物（或旅游产品）。或者说，大型线性旅游空间是由多个重要的点状节点要素（旅游资源）连接而成的带状旅游聚集空间。这为资源保护和利用提出了特殊的要求。另一方面，大型线性旅游空间往往复合布局了多日行程（而非一日游）所必需的旅游交通、住宿、购物及其他产业要素。游客在大型线性旅游空间的多日游览活动对旅游空间内的旅游产业要素发展提出了较高要求。

第三，延展性或方向性。范围广阔且边界不清晰是大型线性旅游空间常见的特点，这也造成管理工作的特殊困难。大型线性旅游空间在空间尺度上并不受具体的里程约束。判断某一地理空间是否属于区域内的大型线性旅游空间主要看该地理空间的活动主题是否与大型线性旅游空间内的特定主题或线索一致、地理空间内的旅游活动和产业是否呈集中分布。从地理空间来看，大型线性旅游空间通常绵延数十公里，部分大型线性旅游空间可达上百公里，甚至1000公里以上。一些大型线性旅游空间的生成往往有内在脉络，包括时间脉络（事件型资源，如长征）、空间走向（依托特定资源，如海岸、公路），以及客源动向（如大城市之间）等。

2. 现实表现

目前国内外存在多个符合本研究所述定义的大型线性旅游空间，典型的如中国确立的五大国家文化公园，另外，还有基于资源、设施和其他因素形成的多种形态的大型线性旅游空间。

原中国国家旅游局曾经主推的中国两大国际市场产品（品牌）——长江三峡和丝绸之路就是典型的大型线性旅游空间。分别依托一段景观河道（复合文化）和古代贸易通道（复合自然景观、城镇等）形成。在同样幅员广阔且较早进入汽车社会的美国，很早就发展起旅游公路（风景道）体系，将自然景观和文化遗产串联起来，形成特色资源保护和利用模式，有的旅游公路则将历史脉络联系起来，使得历史时间顺序与交通走向和旅游线路融合起来。

一类是，自然方面呈现大型线性旅游空间形态的资源如河流、山脉、海岸等。多瑙河（尤其德国、奥地利、匈牙利段）、尼罗河（尤其阿斯旺以下河段）、漓江（桂林市区至阳朔段）等均较早地形成了成熟的旅游产品和目的地。西班牙、法国、意大利等国家沿着地中海海岸发展形成了蔚为壮观的世界级滨海旅游带，与横亘欧洲中部的阿尔卑斯山地和冰雪旅游带交相呼应，这两个地带也成为近现代旅游业发展的摇篮。类似的还包括美国五大湖沿岸（同时依托沿岸旅游公路）、密西西比河（大河旅游公路）及我国长江三峡段等。美国佛罗里达地区则依托于狭长半岛的天然形态。

另一类是，人文方面呈现大型线性旅游空间形态。如人文设施和工程，典型的如中国长城等大型古代军事工程以及中国大运河等古代水利工程。国外已有研究和开发的类似工程包括哈德良长城、米迪运河、大吉岭喜马拉雅铁路等。一些依托古代交通线形成的文化体系也呈现线性空间结构，如丝绸之路、茶马古道、赤水河（川黔间商贸通道）等。一些现代人文活动也呈现类似特点如环法自行车赛等。值得注意的是，时间脉络在一些大型线性旅游空间中具有特殊意义，如长征、麦哲伦环球航线等。

表 1-1　国家旅游线路[①]

1. 中国"丝绸之路"国家旅游线路。以丝路文化为核心，跨越河南、陕西、甘肃、宁夏、青海、新疆六省区，是一条典型的国际旅游线路，在海内外形成了较大的市场影响。

2. 中国"香格里拉"国家旅游线路。以川滇藏民族文化和特色景观为内涵，形成了从昆明经大理、丽江至迪庆的核心旅游线路，并辐射至四川甘孜及西藏等地，是中国热点的旅游线路之一，在海内外旅游市场中深受欢迎。

3. 中国"长江三峡"国家旅游线路。以峡谷景观、高峡平湖风光、大坝景观、历史文化、地域文化为主要吸引物，是中国对外推广的经典旅游线路。

4. 中国"青藏铁路"国家旅游线路。以青藏铁路为依托形成的通往雪域高原的旅游线路，东起青海西宁，西至西藏拉萨，并延伸至西藏其他地区。

5. 中国"万里长城"国家旅游线路。长城是中华文化的象征，也是我国最为重要的旅游吸引物之一，东起山海关、西至嘉峪关，跨越东西多个省区市。

6. 中国"京杭大运河"国家旅游线路。以京杭大运河历史遗存为内涵，南起杭州，北至北京通州，跨越浙江、江苏、山东、河北、天津、北京六省市，是我国东部贯穿南北的文化旅游线。

7. 中国"红军长征"国家旅游线路。红军长征旅游线是我国红色旅游中最受欢迎的旅游线，该线从江西瑞金出发，经江西、湖南、贵州、四川、陕西，直达延安，是我国贯穿东西、连接南北、重点在西部的旅游线。

8. 中国"松花江—鸭绿江"国家旅游线路。以东北三省林海雪原、白山黑水、民族文化、边疆风情为内涵，以冰雪旅游、文化旅游、生态旅游、边疆旅游为核心，以大江界河旅游贯穿东北三省。

9. 中国"黄河文明"国家旅游线路。以黄河文明为纽带，自西向东连接青海、四川、甘肃、宁夏、内蒙古、陕西、山西、河南、山东九省区，重点是陕西、山西、河南、山东等中原黄河文化旅游区。

10. 中国"长江中下游"国家旅游线路。以长江中下游城市群和世界遗产为核心，连接湖北、湖南、江西、安徽、江苏、上海，以都市旅游、遗产旅游、山水观光为特色。

11. 中国"京西沪桂广"国家旅游线路。该线路主要是以空中航线为主，连接北京、西安、上海、桂林、广州等五个著名旅游城市，是中国旅游市场最早对外推出、保持长盛不衰的典型旅游线路，被誉为"经典中国"旅游线。

12. 中国"滨海度假"国家旅游线路。以空中航线、海上航线连贯我国东部沿海度假城市旅游目的地，从北向南包括大连、烟台、威海、青岛、日照、连云港、福州、泉州、厦门、深圳、珠海、海口、三亚、北海等，突出中国滨海度假旅游品牌，引导居民休闲度假。

①：2009 年 3 月 23 日，国家旅游局发布《中国国家旅游线路初步方案》，推出 12 条国家旅游线路，旨在引导海内外游客旅游流向，打造的一批国家级旅游热点线路、热点地区和热点产品，目的是形成若干新的旅游消费热点。

三、相关概念

1. 主要相关概念

（1）线性文化遗产

线性文化遗产（Lineal or Serial Cultural Heritages）主要是指在拥有特殊文化资源集合的线形或带状区域内的物质和非物质的文化遗产族群。陶犁和王立国（2013）将其界定为一种大尺度的线状而非点状的文化遗产类型，内涵丰富，具有极高的生态、文化及旅游价值，文化线路和遗产廊道是线性文化遗产最主要的两种形式[①]。任唤麟（2017）进一步指出，线性文化遗产是以历史时期某种经济、文化或者政治功能为纽带形成的线性或带状区域的文化遗产族群。其中，一些线性文化遗产空间跨度大，涉及地域众多，成为跨区域（地理区、文化区或行政区）线性文化遗产[②]。

（2）遗产廊道

遗产廊道（Heritage Corridor）的概念源于美国，是一种针对线性遗产区域保护的方法，追求遗产保护、自然保护以及开发利用的共赢。2000年以来，北京大学研究团队首先将遗产廊道概念引入国内。张定青等（2016）研究后指出，遗产廊道概念是绿道思想与遗产保护区域化发展结合的产物，通常是指"拥有特殊文化资源集合的线型景观，通常带有明显的经济中心、蓬勃发展的旅游、老建筑的适应性再利用、娱乐及环境

[①] 陶犁，王立国. 国外线性文化遗产发展历程及研究进展评析[J]. 思想战线，2013，39（3）：108-114.

[②] 任唤麟. 跨区域线性文化遗产类旅游资源价值评价——以长安—天山廊道路网中国段为例[J]. 地理科学，2017，37（10）：1560-1568.

改善",是一种跨区域综合性遗产保护利用的理论方法[①]。学者们认为,遗产廊道的构建过程主要包括:遗产廊道区域的选择与界定、构建主题(线索)的确定、资源调查摸底、分析与评价、空间格局的构建及遗产廊道的实施和管理。张镒和柯彬彬(2016)研究后指出,构建遗产廊道的方式可分为两种:一种是以有形资源条件为基础,此类资源条件是实实在在的线性资源,如河流峡谷、文化线路、古道、铁路线路等;另一种则是运用规划设计手段将某些具有某种联系的遗产资源联系在一起,这种构建方式是在遗产点上进行的规划设计,因此可以是无形的、概念性的,可以结合功能相关、历史相关和空间相关进行遗产廊道的构建[②]。

(3) 文化线路

文化线路(Cultural Routes)概念起源于欧洲,国内学者李伟、俞孔坚(2005)首次引入了文化线路概念并对其进行了解读,认为文化线路本质是与一定历史时间相联系的人类交往和迁移的路线,是一种尺度多样的线性文化景观,具有多元的价值构成[③]。国际古遗址理事会在2008年发表了《文化线路宪章》,对文化线路的概念进行了正式的界定,即"任何交通线路,无论是陆路、水路,还是其他类型,拥有清晰的物理界限,以其自身所具有的特定活力和历史功能为特征,并服务于一个特定的明确界定的目的"。同时,文化线路"必须产生于并反映人类的相互往来和跨越较长历史时期的民族、国家、地区或大陆间的多维、持续、互惠的商品、思想、知识和价值观的相互交流;必须在时间上促进受影响文化间的交流,使它们在物质和非物质遗产上都反映出来;必须集中存在于一个与其历史和文

[①] 张定青,王海荣,曹象明.我国遗产廊道研究进展[J].城市发展研究,2016,23(5):70-75.

[②] 张镒,柯彬彬.我国遗产廊道研究述评[J].世界地理研究,2016,25(1):166-174.

[③] 李伟,俞孔坚.世界文化遗产保护的新动向——文化线路[J].城市问题,2005(4):7-12.

化遗产相关联的动态系统中"。

（4）旅游线路

旅游线路作为旅游研究的重要领域之一，是游客在目的地区域对停留空间和消费空间的理性选择与线性组合，也是具有典型空间属性的社会文化地理现象和经济地理现象在空间上的线性组织[①]。旅游者在目的地之间游览经过的线路，不仅是目的地旅游运行网络形成的重要纽带，同时也反映了目的地的空间"竞合"关系[②]。空间模式和线路设计评价是旅游线路研究的主要内容。在空间模式方面，国外学者Lue、Crompton和Fesenmaier首次系统总结了五种旅游线路空间模式（简称"LCF"模型）：单目的地模式、往返模式、营区基地模式、区域环游模式和旅行链模式[③]。Oppermann在此基础上进一步细化出七种模式，包括两种单目的地和五种多目的地旅行模式[④]。在线路设计与评价方面，研究者主要从经济效用和游客空间行为评价旅游线路性能。作为一种重要的旅游产品组合，旅游线路是国内旅游主管部门宣传旅游目的地、刺激旅游消费的重要手段。

（5）旅游廊道

旅游廊道是指以一定道路体系为主建立起来，能满足旅游者时空转换，又能满足游客体验需求的线性空间。邱海莲和由亚男（2015）界定旅游廊道的内涵为：围绕某一旅游主题或线索建立起来的，能满足旅游体验

[①] 史春云，朱传耿，赵玉宗，等.国外旅游线路空间模式研究进展[J].人文地理，2010，25（4）：31-35.

[②] 孙勇，史春云，唐雯雯，等.云南省旅游线路网络与空间结构特征[J].人文地理，2016，31（1）：147-153+160.

[③] Lue C C, Crompton J L, Fesenmaier D R. Conceptualization of Multi-Destination Pleasure Trips[J]. Annals of Tourism Research，1993，20（2）：289-301.

[④] Oppermann M. A Model of Travel Itineraries[J]. Journal of Travel Research，1995，33：57-61.

需求的，包含各种旅游产业要素的线形空间[①]。鄢方卫等（2017）认为旅游廊道是以人类迁移和物质流动的交通线路为基础，综合自然与文化景观并作为旅游开发本底的线性景观带[②]。吴必虎指出，旅游廊道可分为三种类型：区间廊，指旅游地与客源地及四周邻区的各种交通方式、路线与通道；区内廊，指旅游地内部的通道体系；斑内廊，指斑块之间的联络线，如景点的参观线路[③]。绿道、风景道、文化线路、遗产廊道、风景公路、风景驾车道、风景线路、自然风景路、公园道、历史路等类型的廊道空间均是其重要的空间表现形态。李龙和杨效忠（2020）指出，作为一种线形空间，旅游廊道是适应全域旅游发展的一种新型旅游吸引物。一个完整的旅游廊道系统包括交通道、路侧、视域带、游径、辐射带、旅游资源等要素[④]。目前，在国内外的旅游开发实践中，美国蓝岭风景道、中国鄂尔多斯风景道等旅游廊道成功带动了目的地的旅游业发展，并有效提升了旅游者游憩体验，已成为整合区域旅游资源、推动旅游联合发展、建设全域旅游目的地的重要手段与途径。

（6）旅游交通

旅游交通（Tourism Traffic）通常是指旅游者利用某种手段和途径，实现从一个地点到达另一个地点的空间转移过程。它既是旅游者抵达目的地的手段，同时也是旅游者在目的地内活动往来的手段。保继刚和楚义芳（1999）从旅游交通所涉及的空间尺度和旅行过程将其分为三个层次：外

[①] 邱海莲，由亚男.旅游廊道概念界定［J］.旅游论坛，2015，8（4）：26-30.
[②] 鄢方卫，杨效忠，吕陈玲.全域旅游背景下旅游廊道的发展特征及影响研究［J］.旅游学刊，2017，32（11）：95-104.
[③] 吴必虎.区域旅游规划原理［M］.北京：中国旅游出版社，2001：31.
[④] 李龙，杨效忠.旅游廊道：概念体系、发展历程与研究进展［J］.旅游学刊，2020，35（8）：132-143.

部交通、由旅游中心城市到风景区的交通和内部交通。他们认为，高质量是现代旅游交通的特点，也是构成旅游竞争能力的决定性因素[①]。卞显红和王苏洁（2003）从更为具体的视角指出，旅游交通是指支撑旅游目的地旅客流和货物流流进、流出的交通方式，路径与始终点站的运行及其之间的相互影响，包括旅游目的地内的交通服务设施的供给及其与旅游客源地区域交通连接方式的供给[②]。交通作为联系旅游者与目的地之间的纽带，在旅游目的地发展中的关键作用已得到广泛认知。国外学者 Bruce 和 Prideaux（2000）指出，交通在新的吸引物聚集体的成功创造与开发中及在现存的吸引物聚集体的健康成长中都起着重要的作用，适合的交通系统能使已经衰退的或消亡的旅游中心区重新焕发出生机与活力，并能吸引大量的旅游者前来。如果游客前往首选目的地的能力受到运输系统效率低下的限制，那么他们就有可能寻找其他目的地[③]。

2. 相关概念的关系

大型线性旅游空间与上述概念之间既有联系，又存在差异，具体如下。

（1）线性旅游空间与线性文化遗产和遗产廊道

线性旅游空间并不等同于线性文化遗产或遗产廊道。从形成原因来看，多数线性旅游空间的形成是以线性文化遗产或遗产廊道为资源本底。具体来看，主要分为以下3种：①基于不同目的的人文活动而形成的线性

---

① 保继刚，楚义芳.旅游地理学（修订版）[M].北京：高等教育出版社，1999：16-89.
② 卞显红，王苏洁.交通系统在旅游目的地发展中的作用探析[J].安徽大学学报，2003（6）：132-138.
③ Bruce, Prideaux. The Role of the Transport System in Destination Development [J]. Tourism Management, 2000.

空间，如因商贸而兴的丝绸之路、抵御外族侵扰而修建的万里长城、红军战略转移而形成的长征路线等。②历史上形成的线性或带状自然资源，如流经欧洲9个国家的多瑙河、"中国古代南北交通的大动脉"——大运河、中华文明的母亲河——"黄河"。③兼具自然与人文特征的线性空间地带，如古丝绸之路的枢纽路段河西走廊，独特的自然风光与丰富的文物古迹使其成为中国西北地区炙手可热的旅游线路。但是，仍有部分线性旅游空间不属于线性文化遗产、遗产廊道的范畴，而是产品和产业（市场）聚集而成的特殊目的地形态（如渤海湾西岸的休闲度假空间、沪宁高铁、杭甬高铁、京沪复合通道）。

（2）线性旅游空间与旅游交通、旅游线路

旅游交通和旅游线路都具有线性特征，同时也是大型线性旅游空间的基本依托。但是相较而言，旅游交通和旅游线路仅属于单一要素，大型旅游线性空间则更综合、更丰富，具有功能性。此外，一些线性旅游空间形成和发展的原因可归结为交通线路的开辟。具体来看，一些通航河流如长江，催生了长江三峡游轮观光旅游。此外，318国道川藏线自驾游、内蒙古通道自驾游等也同样是因为交通线路的打通而形成的线性旅游空间。

第二章 大型线性旅游空间的理论基础

一、资源维度

1. 文化线路

（1）发展历程

文化线路理论（Cultural Routes 或 Cultural Itinerary）是20世纪90年代以来国际上提出的有关世界文化遗产保护的理论。作为世界文化遗产四大类型之一，"文化线路"最早于1964年在欧洲理事会的一份报告中被提出。随着1987年"欧洲文化线路项目"的正式开展以及欧洲第一条文化线路——圣地亚哥·德·孔波斯特拉朝圣之路的建立，使文化线路由思想变为了现实[①]。1993年，该朝圣之路被列入世界遗产，人们开始意识到世界遗产并非仅是世界遗产名录上的遗产点、历史纪念物、单体纪念物，或是粘连的整体物、主体集合物，其存在线性状态的形式。1994年于西班牙马德里召开的"文化线路遗产"专家会议上，与会者一致认为：应将"线路作为我们的文化遗产的一部分"，从而第一次提出了"文化线路"这一新概念。

---

① 霍艳虹.基于"文化基因"视角的京杭大运河水文化遗产保护研究[D].天津：天津大学，2017.

此后，国际古迹遗址理事会开始对文化线路进行系统的研究，并在1998年成立了专门研究文化线路的机构——文化线路国际科技委员会（CIIC），这标志着文化线路作为新型遗产的理念为国际文化遗产保护界所认同。2001年帕姆劳拉会议从理论层面和实践层面分别定义了文化线路，重点在实践中如何判断一条线路是不是文化线路，以避免文化线路概念的泛化和错误使用[①]。2008年，国际古迹遗址理事会第十六届大会上，通过了《关于文化线路的国际古迹遗址理事会宪章》（即《文化线路宪章》），标志着文化线路正式成为世界遗产保护的新领域[②]。文化线路是近年来世界遗产领域中出现的一种新型的遗产类型，和以往的世界遗产相比，文化线路注入了一种世界遗产发展的新趋势，即由重视静态遗产向同时重视动态遗产方向发展，由单个遗产向同时重视群体遗产方向发展，并从单纯重视文化遗产逐渐转变到对社会、经济、政治的共同重视。

（2）概念与内涵

"文化线路"从概念的提出到定义的完善和成熟，经历了二十多年的理论研究和实践总结，在这个过程中，有三大国际机构对此有主要的推进作用，分别是：欧洲文化线路委员会、国际古迹遗址理事会和世界遗产委员会[③]。欧洲文化线路委员会在2010年版《扩大"文化线路"的部分协议的规定》文件中提出："文化线路是一处文化性、教育性遗产，同时也是一项旅游合作项目，该项目旨在建立一条或数条基于特定历史路径、文化概

[①] 王丽萍.文化线路：理论演进、内容体系与研究意义[J].人文地理，2011，26（5）：43-48.

[②] ICOMOS Charter on Cultural Routes：Prepared by the International Scientific Committee on Cultural Routes（CIIC）of ICOMOS. Ratified by the 16th General Assembly of ICOMOS，Québec（Canada）[C]. International Journal of Cultural Property，2008（15）：385-392.

[③] 郭璇，杨浩祥.文化线路的概念比较——UNESCO WHC、ICOMOS、EICR相关理念的不同[J].西部人居环境学刊，2015，30（2）：44-48.

念、人物或现象的旅行线路,这些路径、文化概念、人物或者现象对理解和尊重欧洲超越国家界限的价值有重要意义",并认定了45条"欧洲文化线路"名单(截至2021年12月31日,见表2-1)。《文化线路宪章》中将"文化线路"定义为:"任何交通线路,无论是陆路、水路,还是其他类型,拥有清晰的物理界限并以自身所具有的特定活力和历史功能为特征,以服务于一个特定的明确界定的目的,且必须满足以下条件:(1)它必须产生于并反映人类的相互往来和跨越较长历史时期的民族、国家、地区或大陆间的多维、持续、互惠的商品、思想、知识和价值观的相互交流;(2)它必须在时间上促进受影响文化间的交流,使它们在物质和非物质遗产上都反映出来;(3)它必须集中存在于一个与其历史和文化遗产相关联的动态系统中。"世界遗产委员会在2013版的《实施"世界遗产公约"操作指南》中对"文化线路"界定如下:基于动态性特征和思想的交流,在时间和空间上具有一定的连续性,是一个整体性概念,其整体价值远远大于线路所有遗产要素的相加,这种价值使它具有文化上的重要意义。文化线路强调国家或地区之间的交流与对话是多重维度的,在线路形成的最初目的——宗教、商贸、行政等之外,可能形成不同特征。

国内学者对于文化线路的内涵与特征也进行了相关探讨。王建波和阮仪三认为,界定一条交通线路是否为文化线路,应该满足以下条件:第一,该线路应是一个完整的体系,通过共同的历史关系等内在联系将各遗产部分联系起来;第二,文化线路来源于具有特定历史功能的交通线路;第三,线路将不同地方联系起来从而产生不同文化的交流,沿途应有见证这一文化交流传播的相关遗产[①]。从现有相关表述中可以管窥出,文化

---

① 王建波,阮仪三.作为遗产类型的文化线路——《文化线路宪章》解读[J].城市规划学刊,2009(4):86-92.

线路是地理空间上尺度较大的遗产，其更加强调文化或历史层面的联系，它不仅体现了人与自然的互动，还反映了不同区域人群的冲突、交流和合作，是一种多维度、多价值的遗产保护理念。不仅仅包含线路本身的物质文化遗产，还包括非物质文化遗产。此外，学术界还对文化线路的特征进行了详细的界定。张杰等认为其具有时空动态连续性、历史功能独特性、要素关联整体性与文化交流多样性四个方面的特征[①]；张硕指出文化线路是一类兼具"区域复合型""交互式动态"以及"社会现象"等特征的新型遗产[②]；王丽萍则指出，文化线路必须由物质和非物质要素共同构成，与其所依存的环境间具有密切联系，强调其整体跨文化性，具有典型的动态特征[③]；此外，戴湘毅等提取了典型的中国文化线路进行分析，发现中国文化线路持续时间长，空间跨度大，其历史职能多以交通和贸易为主，是中国文化遗产中内容最为繁杂、规模最为巨大的类型[④]。

综观学者们对于文化线路特征的解读，可以大体上将其概括为三个方面：动态连续性、整体跨文化性、区域复合性。其中，动态连续性是指文化线路中所体现的人类迁徙、文化变迁和交流的动态性，特定历史现象的连续性；整体跨文化性强调文化线路中整体遗产价值大于单体遗产价值，包括物质与非物质文化要素；区域复合性是指文化线路的范围覆盖广、涉及区域多，在长时间发展中形成了区域复合性的文化遗产集群。文化线路

---

① 张杰，孙晓琪，侯轶平.论明清海防卫所的文化线路属性判读［J］.中国名城，2018（9）：49-57.
② 张硕.基于文化线路理论的世遗澳门历史城区军事建筑遗存的整体性保护与再利用策略研究［D］.深圳：深圳大学，2018.
③ 王丽萍.文化线路：理论演进、内容体系与研究意义［J］.人文地理，2011，26（5）：43-48.
④ 戴湘毅，李为，刘家明.中国文化线路的现状、特征及发展对策研究［J］.中国园林，2016，32（9）：77-81.

与线性旅游空间两个概念之间存在一些异同点。文化线路一般是指围绕某个主题（宗教遗产、历史与文明、艺术和建筑、景观和手工艺、工业和科学遗产等），穿越若干区域或国家的线路，体现共同的历史、艺术、文化和社会特征，这一概念更加强调遗产自身的完整性，而不拘泥于其空间的走向或形态。而线性旅游空间则特指在空间走向上呈现线性排列的特殊旅游空间形态，强调旅游元素和线性特征，即线性旅游空间不仅包括以文化遗产为主题的旅游产品，也包括其他如自然地貌（桂林到阳朔旅游线路）、市场规律（以北戴河为中心的渤海湾西北侧海岸线所形成的滨海度假空间）等成因形成的旅游产品。相似之处在于，文化线路和线性旅游空间都是可供游客循迹游览的主题旅游产品，且在空间走向上呈现线性分布的文化线路可以将其看作线性旅游空间，如大运河主题文化线路、长征主题文化线路。

表 2-1　欧洲文化线路委员会认定的 45 条"欧洲文化线路"名单
（截至 2021 年 12 月 31 日）[①]

序号	线路名称	认定时间（年份）
1	圣地亚哥·德·孔波斯特拉朝圣之路（The Santiago De Compostela Pilgrim Routes）	1987
2	汉莎商业联盟（The Hansa）	1991
3	维京之路（The Viking Routes）	1993
4	法兰奇纳古道（The Via Francigena）	1994
5	安达路西亚的厄尔尼·诺加佳多之路（The Routes of El legado andalusí）	1997
6	腓尼基人之路（The Phoenicians' Route）	2003
7	比利牛斯地区的钢铁之路（The Iron Route in the Pyrenees）	2003

---

① 资料来源：https://www.coe.int/en/web/cultural-routes.

续表

序号	线路名称	认定时间（年份）
8	莫扎特欧洲之路（The European Mozart Ways）	2004
9	欧洲的犹太遗产之路（The European Route of Jewish Heritage）	2004
10	圣马丁游览之路（The Saint Martin of Tours Route）	2005
11	欧洲克吕尼遗产之路（The Cluniac Sites in Europe）	2005
12	橄榄树之路（The Routes of the Olive Tree）	2005
13	瑞加通道（The Via Regia）	2005
14	度假之路——欧洲古罗马文化之路（Transromanica-The Romanesque Routes of European Heritage）	2007
15	葡萄之路（The Iter Vitis Route）	2009
16	欧洲西多会修道院之路（The European Route of Cistercian Abbeys）	2010
17	欧洲墓地之路（The European Cemeteries Route）	2010
18	史前岩画艺术足迹（Prehistoric Rock Art Trails）	2010
19	欧洲古老的温泉城市线路（European Route of Historical Thermal Towns）	2010
20	圣·奥拉夫朝圣之路（The Route of Saint Olav Ways）	2010
21	欧洲陶瓷之路（The European Route of Ceramics）	2012
22	欧洲巨石文化之路（The European Route of Megalithic Culture）	2013
23	胡格诺教和韦尔多教之路（The Huguenot and Waldensian Trail）	2013
24	20世纪欧洲政治极权主义地区的建筑遗产（Atrium, on the architecture of totalitarian regimes of the 20th century）	2014
25	"新艺术运动"路网（The Réseau Art Nouveau Network）	2014
26	哈布斯堡通道（Via Habsburg）	2014
27	罗马帝王及多瑙河葡萄酒之路（Roman Emperors and Danube Wine Route）	2015
28	查理五世之路（European Routes of Emperor Charles V）	2015

续表

序号	线路名称	认定时间（年份）
29	拿破仑之路（Destination Napoleon）	2015
30	罗伯特·路易斯·史蒂文森之路（In the Footsteps of Robert Louis Stevenson）	2015
31	格兰德地区的防御工事之路（Fortified Towns of the Grande Region）	2016
32	印象派之路（Impressionnisms Routes）	2018
33	卡洛林之路（Via Charlemagne）	2018
34	欧洲工业遗产之路（European Route of Industrial Heritage）	2019
35	铁幕之路（Iron Curtain Trail）	2019
36	勒·柯布西耶之路（Le Corbusier Destinations：Architectural Promenades）	2019
37	欧洲解放之路（Liberation Route Europe）	2019
38	改革之路（Routes of Reformation）	2019
39	欧洲古典园林之路（European Route of Historic Gardens）	2020
40	穿行罗马－德国之路（Via Romea Germanica）	2020
41	埃涅阿斯之路（Aeneas Route）	2021
42	阿尔瓦·阿尔托之路（Alvar Aalto Route）	2021
43	西里尔和美多德之路（Cyril and Methodius Route）	2021
44	欧洲达达尼昂之路（European Route d'Artagnan）	2021
45	铁器时代的多瑙河之路（Iron Age Danube Route）	2021

2. 线性文化遗产

（1）概念与内涵

线性文化遗产（Lineal or Serial Cultural Heritage）是近年来国际文化遗产保护领域提出的新理念。2008年，国际古迹遗址理事会第十六届大会在加拿大古城魁北克通过了《关于文化线路的国际古迹遗址理事会宪章》，标志着具有线状排列特征的文化遗产以及文化遗产集群空间成了明确需要保护的对象。在国内，单霁翔最早提出"线性文化遗产"的概念，认为线性文化遗产是指在拥有特殊文化资源集合的线形或带状区域内由一条线状纽带联结的物质和非物质的文化遗产族群，真实再现了历史上人类活动的移动，物质和非物质文化的交流互动，并赋予作为重要文化遗产载体的人文意义和文化内涵，并指出它不同于"文化线路"和"遗产廊道"，更加广泛地强调遗产的物质属性和文化属性[①]。此后，陆续有学者对线性文化遗产的内涵进行了全方位的解读[②③]。他们认为，与文化线路一样，线性文化遗产也强调了时间、空间和文化因素，强调各个文化资源点共同构成的文化价值功能以及至今对人类社会、经济的可持续发展产生的深刻影响[④]。

线性文化遗产具有丰富的表现形式，如道路交通、自然河流与水利工程、军事工程、历史主题事件。总体上看，线性文化遗产的特征可以概括为四点：①范围广，遗产种类多，反映了丰富的人类活动形式，属于线状或带状的文化遗产区域；②尺度较大，可以跨越多个城镇、州乃至多个国家；③包括物质与非物质文化遗产，具有多样性和典型性；④拥有深厚的历史文化内涵，涉及经济价值、生态价值[③]。由此可见，线性文化遗产体现了世界文化遗产保护领域的发展趋势，即，不断扩大文化遗产保护范围，不再局限于单体文物，向历史地段、文化景观、遗产区域，乃至串联

---

① 单霁翔.大型线性文化遗产保护初论：突破与压力[J].南方文物，2006（3）：1-5.
② 任唤麟.跨区域线性文化遗产类旅游资源价值评价——以长安—天山廊道路网中国段为例[J].地理科学，2017，37（10）：1560-1568.
③ 张书颖，刘家明，朱鹤，等.线性文化遗产的特征及其对旅游利用模式的影响——基于《世界遗产名录》的统计分析[J].中国生态旅游，2021，11（2）：203-216.
④ 陈俐伽.基于线性文化遗产视角的蜀道沿线历史城镇保护研究[D].重庆：重庆大学，2017.

的数座城镇或城市、一个或多个国家的更大文化区域扩展，由单个遗产向重视群体遗产方向发展。

（2）研究内容

由于线性文化遗产是由文化线路衍生发展而来，国际上关于文化线路和线性文化遗产的研究没有进行明显的区分。国外学者主要从文化线路的发展历程、保护管理、线路环境三个方面研究。我国关于线性文化遗产的研究起步较晚，习惯将线性文化遗产与文化线路进行区分，主要从概念界定、保护规划、旅游开发三个方面展开研究。概念界定方面，孙华认为线状遗产是构成线性遗产的基础，而线性遗产如果满足一定的条件，就可以成为文化线路。他将线性遗产划分为四种类型：单纯的线状遗迹、被线状遗迹串联并包括线状遗迹的一连串点状遗迹、被自然的河流串联或受自然的边界限制而呈线状排列的点状遗产集合体以及被无固定形态的路线和航线串联的城镇、村落、寺庙等遗产[①]。保护规划方面，国内学者通常从介绍国外案例与研究本土案例两个方面出发探讨我国线性文化遗产的保护方法[②]。旅游开发方面，程瑞芳和刘恒琰指出，线性文化遗产具有大规模和跨区域性的特点，通过旅游开发，在横向上可以串联起不同区域的各种资源，在纵向上可以带动旅游与一、二、三产业的融合，并进一步总结了遗产廊道、"点线面"、文化公园与博物馆三种线性文化遗产旅游开发方式[③]。

综上，线性文化遗产的概念界定、保护管理与规划是国内外学者研究的重点领域。近年来，"一带一路"倡议的提出和国家文化公园建设方案

---

① 孙华.论线性遗产的不同类型[J].遗产与保护研究，2016，1（1）：48-54.
② 刘娅.线性文化遗产的保护和开发规划研究——以美国摩门先锋国家历史游步道为例[J].旅游论坛，2012，5（3）：32-37.
③ 程瑞芳，刘恒琰.线性文化遗产综述：概念形成与旅游开发[J].河北经贸大学学报（综合版），2022，22（1）：49-56.

的出台，更是将线性文化遗产的研究推向新的高潮。需要指出的是，线性文化遗产的旅游开发已成为一个新的研究热点，研究内容主要集中在线性文化遗产旅游价值评价、旅游开发方式等方面。然而，目前国内学者对于线性文化遗产的研究仍处于起步阶段，需要深入探究其理论建构与实践发展等方面的内容。

3. 遗产廊道

（1）发展历程

遗产廊道（Heritage Corridor）的概念起源于美国 19 世纪 60 年代的一种遗产区域化保护与利用理念，集遗产保护与生态保护、休闲游憩、经济发展于一体。1961 年，美国科德角国家海滨区（Cape Cod National Seashore）首先打破了国家公园的传统模式，采用"分区"而非"整体划一"的差异化原则，成立由多方而非单方组成的咨询机构，最大程度上保持当地"活态景观"的原真性[①]，由此促成了"绿线公园"和"国家保护区"的诞生。1964 年，Lewis 提出了"质量廊道"（Quality Corridors）的概念，认为大多数重要的自然和文化资源都聚集在线性区域[②]。1984 年，时任美国总统里根签署的《伊利诺伊和密歇根运河国家遗产廊道法》文件中首次使用了"遗产廊道"这一名词。美国国会指定伊利诺伊和密歇根运河（the Illinois and Michigan Canal National Heritage Corridor）为第一个国家遗产廊道。廊道范围涉及 5 个县和 60 个社区，占地 2232.57 平方公里，沿线

---

① Barrett B. Roots for the National Heritage Area Family Tree [C]. The George Wright Forum, 2003, 20（2）: 41-49.

② Lewis, Philip H. Quality Corridors for Wisconsin [J]. Landscape Architecture, 1964, 54（2）: 100-107.

遗产资源丰富[1]。截至 2021 年 3 月，美国国会确立了 55 个国家遗产区域，其中遗产廊道 7 条，另有 2 条以遗产运河和线路命名[2]。

（2）概念与内涵

1993 年，Flink 和 Searns 在绿道理论的基础上，提出了"遗产廊道"的概念，即"拥有特殊文化资源集合的线性景观，通常包括明显的经济中心、蓬勃发展的旅游、老建筑的适应性再利用、娱乐及环境改善"[3]。国内学者李伟等指出"遗产廊道"是大面积、区域性前提下的遗产保护理念，通常具有稳定单一的依托形态，运河、环湖带、山脉和道路等都是其重要表现，是一个涉及复杂空间的各要素结合体，是一种追求自然与遗产保护、区域振兴、居民休闲、文化旅游及教育等多目标多赢的保护规划方法[4]。钟翀认为，遗产廊道具有形态狭长、与两侧景观基质显著不同、却又与其周边地形及人文环境密切相关等空间特性，同时还具有其残存状况与地方社会文化、政权史的关联度较高等历史文化性格[5]。

从现有研究中可以归纳出，遗产廊道具有三个特征：①属于线性景观，是遗产区域大类中专用于保护线性区域的一种单独存在模式[6]，可以是

---

[1] Holladay P, Skibins J C, Zach F J, et al. Exploratory Social Network Analysis of Stakeholder Organizations Along the Illinois and Michigan Canal National Heritage Corridor [J]. Journal of Park & Recreation Administration，2017，35（4）：37-48.

[2] 王影雪，王锦，陈春旭，况景行.国内外线性遗产研究动态[J].西南林业大学学报（社会科学），2022，6（1）：8-15.

[3] Flink, C A, Searns, R M. Greenways: A Guide to Planning, Design, and Development [M]. Island Press，1993.

[4] 李伟，俞孔坚，李迪华.遗产廊道与大运河整体保护的理论框架[J].城市问题，2004（1）：28-31+54.

[5] 钟翀.遗产廊道的深刻鉴别与再发现——日本线性历史景观研究中的历史地理学先发探查与解析[J].风景园林，2021，28（11）：10-14.

[6] 龚道德，张青萍.美国国家遗产廊道（区域）模式溯源及其启示[J].国际城市规划，2014（6）：81-86.

绿色通道、河流、铁路以及道路等不同表现形式；②在空间形态上多为中尺度，但也有尺度较小或较大的遗产廊道；③属于综合保护措施，自然、经济、历史文化三者并举，其将历史文化内涵提高到首位，同时强调经济价值和自然生态系统的平衡能力[①]。总的来看，遗产廊道的概念进一步深化了绿道的意义，兼顾了景观和文化遗产，亦兼顾了地方发展战略和生态效益，具有历史重要性、建筑或工程上的重要性、自然对文化资源的重要性和经济重要性[②]。

（3）研究内容

国际上较早开展了遗产廊道的相关研究，早期研究内容主要集中在概念界定、发展特点、实践经验、遗产保护标准等方面。例如，Conzen等研究了伊利诺伊和密歇根运河成为国家遗产廊道时设置的项目到目前为止取得的成效，以及其公共治理和区域转型的模式的优缺点[③]。随着研究的不断深入，相关研究正在逐渐扩展到遗产廊道的管理评估、关系网络等领域，研究方法也逐渐转向多学科交叉融合[④]。Laven等采用指数随机图建模方法对特拉华州和里海国家遗产廊道、凯恩河遗产区域等进行评估，研究发现案例地节点网络中存在传递结构，而没有三旋回结构，并证明了定量网络分析相对于定性分析更好理解区域协作关系从而实现廊道管理有效性[⑤]。

[①] 陈俐伽.基于线性文化遗产视角的蜀道沿线历史城镇保护研究[D].重庆：重庆大学，2017.

[②] 王志芳，孙鹏.遗产廊道——一种较新的遗产保护方法[J].中国园林，2001（5）：86-89.

[③] Conzen M P, Wulfestieg B M. Metropolitan Chicago's Regional Cultural Park: Assessing the Development of the Illinois & Michigan Canal National Heritage Corridor [J]. Journal of Geography, 2001, 100 (3): 111-117.

[④] 李龙，杨效忠.旅游廊道：概念体系、发展历程与研究进展[J].旅游学刊，2020，35（8）：132-143.

[⑤] Laven D N, Krymkowski D H, Ventriss C L, et al. From Partnerships to Networks: New Approaches for Measuring US National Heritage Area Effectiveness [J]. Evaluation Review, 2010, 34 (4): 271-298.

Holladay 等使用社会网络分析法、Gephi 可视化、网络度量和建模，研究了美国运河遗产廊道利益相关者之间的社会网络关系[1]。此外，Loren 等通过 GIS 技术与在线数据库对廊道遗产的空间特征进行了可视化分析[2]。

  国内学者对遗产廊道的研究主要集中于概念内涵、保护策略、构建过程及方法、价值评估等方面。李伟等[3]、王志芳和孙鹏[4]等学者对遗产廊道的概念与特征、保护策略等展开了系列研究。关于遗产廊道的构建方式及过程，学者们提出其主要可以分为两种：一种是以有形资源条件为基础，这些资源条件是实实在在的线性资源（河流峡谷、文化线路、古道、铁路线路等）；另一种则是运用规划设计手段将某些具有某种联系的遗产资源联系在一起，这种构建方式是在遗产点上进行的规划设计，因此可以是无形的、概念性的，可以结合功能相关、历史相关和空间相关进行遗产廊道的构建[5]。在遗产廊道的构建过程方面，则大体上可以概括为：遗产廊道区域的选择与界定、构建主题（线索）的确定、资源调查摸底、遗产分析与评价、遗产廊道空间格局的构建及实施和管理[6]。近年来，遗产廊道的旅游开发和旅游价值评价逐渐演化为该领域研究的重要议题。吕龙和黄震方[7]、

---

[1] Holladay P, Skibins J C, Zach F J, et al. Exploratory Social Network Analysis of Stakeholder Organizations Along the Illinois and Michigan Canal National Heritage Corridor [J]. Journal of Park & Recreation Administration, 2017, 35 (4).

[2] Loren-Méndez M, Mata-Olmo R, Ruiz R, et al. An Interdisciplinary Methodology for the Characterization and Visualization of the Heritage of Roadway Corridors [J]. Geographical Review, 2016, 106 (4): 489-515.

[3] 李伟, 俞孔坚, 李迪华. 遗产廊道与大运河整体保护的理论框架 [J]. 城市问题, 2004 (1): 28-31+54.

[4] 王志芳, 孙鹏. 遗产廊道——一种较新的遗产保护方法 [J]. 中国园林, 2001 (5): 86-89.

[5] 张镱, 柯彬彬. 我国遗产廊道研究述评 [J]. 世界地理研究, 2016, 25 (1): 166-174.

[6] 张镱, 叶城锋, 柯彬彬. 微观尺度下遗产廊道构建研究 [J]. 山西师范大学学报（自然科学版）, 2017, 31 (3): 96-101.

[7] 吕龙, 黄震方. 遗产廊道旅游价值评价体系构建及其应用研究——以古运河江苏段为例 [J]. 中国人口资源与环境, 2007 (6): 95-100.

杜忠潮和柳银花①分别以古运河江苏段、西北地区丝绸之路为例，构建了遗产廊道旅游价值评价体系，并指出其主要包括四方面：遗产廊道资源条件、区域社会条件、遗产廊道生境条件、旅游保障条件及发展潜力。李飞和宋金平在绿道、遗产廊道和文化线路的基础上，结合我国文化遗产历史状况和遗产保护开发现实情况提出了"廊道遗产"的概念，认为其具有以下内涵：历史上形成的，并对历史发展、社会进步或民族交往起到过重大的推动作用；能够体现民族精神、塑造意识形态，是国家"文化身份"或"民族身份"的象征；以文化价值为核心，突出政治、经济和教育三大功能；存在于广阔的地理空间内，通常跨区域、跨国界分布；不仅本身是遗产，而且在它沿线区域分布着较为丰富的文化、自然和非物质单体遗产，因此它可被视为遗产体系；可以是水路或陆路的，并作为交通线路使用；形状可以是线型、放射型或网络状的。国内典型的廊道遗产有：长城、丝绸之路、京杭大运河、茶马古道等②。

4. 大遗址

（1）发展历程

大遗址的概念是我国独有的，是指大型古文化遗址，由遗存及其相关环境组成，一般是指在我国考古学文化上具有重大意义的原始聚落、都城、墓葬等，例如长城、秦始皇陵、殷墟、古运河等，反映了现代中国保存的历史文化遗产的基底性特色③。20世纪80年代，考古学家苏秉琦在

---

① 杜忠潮，柳银花.基于信息熵的线性遗产廊道旅游价值综合性评价——以西北地区丝绸之路为例[J].干旱区地理，2011（3）：519-524.
② 李飞，宋金平.廊道遗产：概念、理论源流与价值判断[J].人文地理，2010，25（2）：74-77+104.
③ 武杏杏，张渭莲.如何让大遗址"活起来""传下去"[N].光明日报，2021-12-06.

"古城、古国、古文化"学术会议上首次提出"大遗址"的概念；90年代初期，国家文物局在河北南戴河首次召开了关于大遗址的会议；1997年3月，国务院在《关于加强和改善文物工作的通知》中第一次明确提出"大遗址"这一概念，并强调了应将该类遗址的保护工作纳入当地城乡建设和土地利用规划①。2005年我国出台的《大遗址保护专项经费管理办法》专门提到了"大遗址"的概念，标志着"大遗址"正式被纳入国家法律体系。2021年10月，国家文物局印发了《大遗址保护利用"十四五"专项规划》（以下简称《规划》），为新时期做好大遗址保护和利用工作提供了规划保障和政策支撑。《规划》指出，以150处大遗址为支撑的保护格局已初步形成。目标到2025年，大遗址保护利用总体格局基本成型。文物本体和周边环境总体安全，大遗址考古研究、保护管理、展示利用、教育休闲、传承创新、传播交流等方面取得重要成果，形成一批可复制、可推广的示范案例，中国特色大遗址保护利用理论制度体系更加健全，在增强国家文化软实力、传承中华优秀传统文化、促进经济社会高质量发展、构建人类命运共同体中的重要作用更加彰显②。

（2）概念与内涵

大遗址是我国在文化遗产保护中形成的特有遗产类型，其概念的提出是对我国文化遗产保护事业发展的探索、经验总结与认识深化③。在2006年国家文物局编制的《"十一五"期间大遗址保护总体规划》中对这一概

---

① 陈稳亮.大遗址保护与区域发展的协同——基于《汉长安城遗址保护总体规划》的探索［D］.西安：西北大学，2010.

② 国家文物局.国家文物局关于印发《大遗址保护利用"十四五"专项规划》的通知［EB/OL］.中华人民共和国中央人民政府．http://www.gov.cn/zhengce/zhengceku/2021-11/19/content_5651816.htm，2021-10-12.

③ 李志勇，阎珺琪.大遗址保护与旅游利用模式的解析框架建构［J］.湘潭大学学报（哲学社会科学版），2021，45（3）：181-186.

念明确为"主要包括反映中国古代历史各个发展阶段涉及政治、宗教、军事、科技、工业、农业、建筑、交通、水利等方面历史文化信息,具有规模宏大、价值重大、影响深远的大型聚落、城址、宫室、陵寝、墓葬等遗址、遗址群"[①]。在学术界,不少学者也对大遗址的概念内涵进行了辨析。陈同滨认为,大遗址是指文化遗产中规模特大、文物价值突出的大型文化遗址、遗存和古墓葬[②]。孟宪民则认为大遗址不仅是文物分类意义上的大型古遗址、古墓葬或大型古文化遗址的简称,更包括与地理环境相关联的遗址及包含有文物、建筑群的遗址群体综合系统,是文化意义上的完整体现[③]。

作为一种历史文化的遗存,大遗址集中展现了我国古代先民杰出的创造力,综合并直接体现了中华民族和中华文明的起源与发展,是构成中华五千多年文明史史迹的主体[④]。关于对"大遗址"的界定,基于现有相关文献,主要可以根据两点来确定:一是体量大,二是重要性,大遗址在含义上仍属于遗址的范畴,其区别在于大遗址的范围更广(涉及多个相关社会群体)、所属地域更大(涉及多个县区单位)、资源更丰富(涉及物质与非物质遗产的多元组合)、承载信息量更多,具有重大的历史价值、艺术价值、科学价值和社会文化价值,具有不可再生、不可移动的属性,以及历史性、文化性、文物性、地理性等基本特征。

[①] 赵夏,陈曦,郭萍."大遗址"保护与利用相关研究述评[J].中国文物科学研究,2012(3):35-41.

[②] 陈同滨.中国大遗址保护规划的多学科研究[J].徐嵩龄等.文化遗产的保护与经营——中国实践与理论进展[C].北京:社会科学文献出版社,2003:186-203.

[③] 孟宪民.梦想辉煌:建设我们的大遗址保护展示体系和园区——关于我国大遗址保护思路的探讨[J].东南文化,2001(1):6-15.

[④] 刘军民.中国文物大遗址保护利用与区域经济发展研究——以陕西省为例[D].西安:西北大学,2006.

（3）研究内容

我国大遗址保护及其学术研究发轫于20世纪90年代，学者们就大遗址的概念辨析、保护与利用、价值评价、旅游开发等方面展开了大量的研究探讨。在概念辨析方面，单霁翔认为，大遗址概念的提出代表着文化遗产内涵的丰富与外延的扩展，标志着从古物、文物等单体概念发展到文化景观、文化空间和遗产区域的概念[①]。刘卫红则认为，大遗址是华夏祖先以大量人力营造并长期从事各种活动的空间在历史演化过程中因各种原因被废弃而成为历史文化的遗存，遗址遗迹本体及其价值是大遗址的核心与灵魂，也是其最重要的吸引物[②]。关于大遗址保护与利用方式，学者们认为包括整体保护和局部保护与利用，整体保护即建成遗址公园、旅游景区、森林公园、历史文化农业园区等，局部保护即遗址展示区和遗址博物馆[③]。王守功等强调，应积极协调解决历史遗址保护与社会发展的矛盾弊端，综合效益最大化地继承和保护大遗址，助力现代经济和社会发展[④]。此外，学者们广泛从历史文化、科学研究、社会和生态等方面展开对大遗址的价值评价。王新文等认为大遗址的价值认知不仅要强调遗产历史、文化、科学、艺术等基本价值认知维度，在遗址保护与利用过程中引发的社会价值也具有重要意义[⑤]。喻学才对遗址的价值进行归纳总结，认为遗址的历史文化价值和科学研究价值是永恒的；遗址的美学价值包括建筑完整时的辉煌美和建筑被毁弃后的沧桑美；遗

[①] 单霁翔.世纪城市化发展与文化遗产保护[C].第二届遗产保护与可持续发展国际会议，2006.

[②] 刘卫红.大遗址展示理念方法问题的探讨[J].地域研究与开发，2013，32（2）：171-176.

[③] 李海燕，权东计.国内外大遗址保护与利用研究综述[J].西北工业大学学报（社会科学版），2007，27（3）：16-20.

[④] 王守功，张宾，刘凯.城市化进程中大遗址的保护与利用[J].南方文物，2020（1）：256-263.

[⑤] 王新文，高建洁，付晓萌.城市型大遗址社会价值研究[J].城市发展研究，2020，27（9）：30-34.

址还具有社会价值，如旅游观赏价值、经济价值、科学认知价值、教育熏陶价值和情感影响价值[①]。在旅游开发方面，相关研究主要集中在大遗址旅游资源开发、旅游规划及产品研究、旅游影响评价、旅游管理策略等领域[②]。

二、旅游活动维度

1. 旅游流

（1）概念与内涵

1987年，皮尔斯（Pearce）在《现代旅游的地理分析》一书中首次提出了旅游流（Tourism Flows）的概念，从此"旅游流"这一术语被国内外学者广泛应用于学术研究中。国内学术界习惯于将旅游流的概念区分为广义和狭义。唐顺铁和郭来喜[③]、马耀峰和李天顺[④]认为，广义的旅游流是指客源地与目的地之间，或目的地与目的地之间的单双向旅游客流、信息流、资金流、物质流、能量流和文化流的集合，以旅游客流为主体和核心，是一个复杂的巨系统。保继刚则提出狭义的"旅游流"即旅游客流，是旅游者的集体性空间位移形成了旅游流[⑤]。本研究认为，旅游流是旅游系统中的一部分，是在客源地与目的地的空间区域范围内、由于旅游需求的近似性而引起的旅游者集体性空间移动现象，并由此形成双向的、闭环的、不平衡的、空间位移为零的复杂的空间动态流。

---

① 喻学才. 遗址论［J］. 东南大学学报（哲学社会科学版），2001，3（2）：45-49.
② 张颖，王琼，刘晖. 大遗址保护与生态旅游开发探讨——以汉甘泉宫遗址为例［J］. 陕西师范大学学报（自然科学版），2009，37（S1）：117-118.
③ 唐顺铁，郭来喜. 旅游流体系研究［J］. 旅游学刊，1998（3）：38-41.
④ 马耀峰，李天顺. 中国入境旅游研究［M］. 北京：科学出版社，1999：1-2.
⑤ 保继刚. 旅游者行为研究［J］. 社会科学家，1987（6）：19-22.

旅游流是一个矢量，学者们通常从时序、流量、流向、流质、流势五个维度来刻画其特征[①]。时序是指旅游者的出游时间和在目的地的停留时长，反映了旅游流的流速；流量是指在单位时间内目的地的旅游人次，反映了旅游流的规模；流向是指旅游者的旅游线路，反映了旅游流的方向和途径；流质是指旅游者的构成，包括旅游群体和旅游者的个人特征，是旅游流的首要影响因素；流势是指旅游流的集聚扩散趋势及潜力，反映了旅游的强度。此外，不少学者探析了旅游流的动力机制（即旅游流流势的产生和作用机理）。他们利用旅游心理学的"推拉"理论、旅游经济学的需求理论、旅游地理学的空间相互作用理论、旅游社会学的"神圣旅程"以及对现代性的"好恶交织"等理论进行了不同层面的阐释[②]。

（2）研究内容

国外学者对旅游流的研究内容较为丰富，涉及诸多领域，研究从早期的概念界定、空间结构、模式分析，逐步向影响因素、网络结构、预测和流动效应等方面转变。Delaplace 等对游客行为偏好和气候状况等常规影响因素展开了研究，发现了气候条件对旅游流的季节性影响[③]；Okazaki 等分析了旅游流网络空间结构，强调了互联网在研究旅游流方面的重要贡献[④]；Kim 等基于误差修正模型、时间序列模型等预测模型，预测了澳大利亚等国家的入境旅游流，并比较不同预测方法的准确性[⑤]。此外，还有学者分

[①] 陈海波.旅游流的概念界定与理论内涵新论[J].旅游研究，2017，9（1）：22-31.

[②] 杨兴柱，顾朝林，王群.旅游流驱动力系统分析[J].地理研究，2011，30（1）：23-36.

[③] Delaplace M, Pagliara F, Perrin J, et al. Can High Speed Rail Foster the Choice of Destination for Tourism Purpose[J]. Procedia Social and Behavioral Sciences, 2014, 11（1）: 166-175.

[④] Okazaki S, Hirose M. Does Gender Affect Media Choice in Travel Information Search? On the Use of Mobile Internet[J]. Tourism Management, 2009, 30（6）: 794-804.

[⑤] Kim J H, Moosa I A. Forecasting International Tourist Flows to Australia: A Comparison between the Direct and Indirect Methods[J]. Tourism Management, 2015, 26（1）: 69-78.

了旅游流所携带的各种信息流及其对区域的影响[①]。

国内对旅游流的研究起步相对较晚，早期相关研究在研究视角和方法层面较为单一。近年来，旅游流逐步演化为一个热门的学术领域，相关研究不断涌现，广泛涉及旅游流的时空分布、影响因素、网络结构、动力机制等方面。王金伟等基于网络游记数据，利用 ArcGIS 和社会网络分析方法，对井冈山旅游流的时空分布及网络结构特征进行了分析，发现井冈山旅游流具有较为显著的季节性差异，气候和物候变化、节假日制度等是影响井冈山旅游流空间分布的重要因素[②]。方叶林等人利用网络爬虫技术抓取携程旅行网上中国视域尺度的旅游线路及相关数据，在构建 O-D 矩阵的基础上揭示网络结构指标的空间分异及其效应[③]。戴文构建了 ARMA 和 ADLM 两个预测模型，将预测结果与实际流量进行对比，并对南京市旅游流的时空分布及流量预测展开了分析[④]。总体来看，尽管国内旅游流相关研究起步较晚，但是学者们已充分认识到旅游流的重要性和潜在价值，开始注重基于多元化的研究视角、创新性的量化方法对旅游流展开深入研究。

2. 旅游线路

（1）概念与内涵

旅游线路（Travel Route）这一术语脱胎于旅游产业实践。尽管很长

---

① Emanuela M, Raffaele P. They Arrive with New Information: Tourism Flows and Production Efficiency in the European Regions [J]. Tourism Management, 2011, 32（4）: 750-758.

② 王金伟, 王国权, 刘乙, 等. 井冈山红色旅游流时空分布及网络结构特征 [J]. 自然资源学报, 2021, 36（7）: 1777-1791.

③ 方叶林, 黄震方, 李经龙, 等. 中国市域旅游流网络结构分异及其效应研究——基于携程旅行网的大数据挖掘 [J]. 自然资源学报, 2020, 37（1）: 70-82.

④ 戴文. 基于大数据的南京市旅游流时空分布及流量预测研究 [D]. 南京: 南京财经大学, 2019.

时间以来人们就认识到旅游线路问题的重要性,但在学术研究中较少有学者关注,在概念和内涵方面亟待解析。从旅游者的需求视角来看,旅游线路是旅游者从居住地出行到达一个或多个旅游目的地游憩并返回居住地所经历的空间线路[①]。从目的地的供给视角来看,旅游线路是旅游经营者或管理者根据旅游客源市场的需求、旅游地旅游资源特色和旅游项目的特殊功能,通过一定的交通线路,将若干个旅游区合理而有机地串联起来,形成一个完整的旅游运行网络和产品的组合[②③]。基于对现有文献的梳理,本研究认为,旅游线路是旅游经营管理部门根据旅游者的需求,并结合旅游目的地资源特色,利用交通线路将各旅游目的地的"旅游六要素"合理而灵活地串联起来,所形成的完整的旅游运行网络和产品组合。

根据不同的分类标准,可以将旅游线路划分为多种不同的类型:(1)按旅游线路的距离,可分为短程旅游线路、中程旅游线路和远程旅游线路;(2)按旅游线路的全程计算旅游时间,可分为一日游游线、两日游游线、三日游游线和多日游游线;(3)按旅游线路的性质,可分为普通观光旅游线和专题旅游线;(4)按旅游线路对游客吸引范围的大小,可分为国际游旅游线、国家级旅游线和区内旅游线;(5)按旅游线路的空间布局形态,可分为两点往返式旅游线路、单通道式(单线贯通式)旅游线路、环通道式(环形贯通式)旅游线路、单枢纽式(单点轴辐式)旅游线路、多枢纽式(多点轴辐式)旅游线路和网络分布式旅游线路。从概念内涵上来看,线性旅游空间与旅游线路之间存在一些异同之处。线性旅游空间属于旅游线路,是一种在空间走向上呈现线性形状的旅游线路。但是,旅游线

[①] 史春云,朱传耿,赵玉宗,等.国外旅游线路空间模式研究进展[J].人文地理,2010,25(4):31-35.
[②] 杨振之,陈顺明.论"旅游目的地"与"旅游过境地"[J].旅游学刊,2007(2):27-32.
[③] 许春晓."旅游产品生命周期论"的理论思考[J].旅游学刊,1997(5):44-47.

路一般是指为了使旅游者能够以最短的时间获得最大的观赏效果，由旅游经营部门利用交通线串联若干旅游目的地所形成的具有一定特色的合理走向，更多地强调市场干预形成的结果，而线性旅游空间则兼具自然形成与市场干预两种生成方式。

（2）研究内容

国际上对旅游线路的研究主要包括旅游线路空间模式、线路设计与优化和空间格局等方面。旅游线路模式从空间尺度上可以划分为宏观尺度和微观尺度。宏观尺度模式的研究更多关注的是不同目的地之间的联系，如联合营销、联合开发产品和旅游线路，以吸引到更多的游客。Lue等提出了5种度假旅游模式，分别为单目的地模式、往返模式、营区基地模式、区域游模式和旅行链模式，是首次对游客旅游线路空间模式的系统分析，为游客空间行为研究奠定了基础，多目的地旅行模型开始成为旅游学重要的研究领域[1]。Oppermann在此基础上进一步细化出7种模式：包括2种单目的地和5种多目的地旅行模式[2]。微观尺度旅游线路模式指目的地内部不同景点之间的游客旅行模式[3]。Lew和McKercher归纳出游客在目的地内部的空间活动模型，包括点对点、环游、复杂等三种线性旅行模式[4]。此外，不少学者聚焦于旅游线路设计与优化的研究，他们对不同旅游线路的合理性进行了分析，利用调查问卷或算法等解析出最佳的旅游线路。例如，

---

[1] Lue C C, Crompton J L, Fesenmaier D R. Conceptualization of Multi-Destination Pleasure Trips[J]. Annals of Tourism Research, 1993, 20（2）：289-301.

[2] Oppermann M. A Model of Travel Itineraries[J]. Journal of Travel Research, 1995, 33(4)：57-61.

[3] Masiero L, Zoltan J. Tourists Intra-Destination Visits and Transport Mode: A Bivariate Probit Model[J]. Annals of Tourism Research, 2013, 43：529-546.

[4] Lew A, McKercher B. Modeling Tourist Movements: A Local Destination Analysis[J]. Annals of Tourism Research, 2006, 33（2）：403-423.

Malik 和 Kim 基于神经网络和粒子群算法，计算出最佳的旅行线路[①]。旅游线路空间格局的研究倾向于基于案例地展开实证分析，如 Lee 等运用 GIS 和网络分析方法对韩国乡村旅游目的地中 43 个村庄的旅游线路空间布局进行分析，根据特征向量和度中心性对村庄进行了分类，并提出了各村庄的旅游管理策略[②]。

  国内于 20 世纪 80 年代开始对旅游线路进行研究，研究内容主要集中在空间模式、线路优化与网络空间结构等方面。在空间模式方面，由于旅游线路的多样化与数据资料的较难获得，使得旅游线路空间模式的实证研究与理论探讨都非常有限。楚义芳最早根据游客行为和意愿特性，将旅游线路大致分为周游型和逗留型两类[③]。朱明等建立了旅游线路空间模式的约束条件，识别出 5 种国内主要的旅游线路模式：单目的地模式、往返模式、完全环游模式、中心集散模式和区域内环游模式[④]。近年来随着旅游研究的不断深入，开始涌现出一些关于旅游线路空间模式的实证研究[⑤]。史春云等以北京、上海、广州和成都旅行社网站公布的中远程旅游线路报价单为数据来源，比较分析了我国旅行线路空间模式、格局和特征，研究后发现，游客中远程线路倾向于选择知名度大的多目的地旅行模式，目的地具

[①] Malik S, Kim D H. Optimal Travel Route Recommendation Mechanism Based on Neural Networks and Particle Swarm Optimization for Efficient Tourism Using Tourist Vehicular Data [J]. Sustainability, 2019, 11（12）: 3357.

[②] Lee S H, Choi J Y, Yoo S H, et al. Evaluating Spatial Centrality for Integrated Tourism Management in Rural Areas Using GIS and Network Analysis [J]. Tourism Management, 2013, 34: 14-24.

[③] 楚义芳.关于旅游线路设计的初步研究[J].旅游学刊, 1992, 7（2）: 9-13.

[④] 朱明,史春云,袁欣,等.基于旅行社线路的国内旅行空间模式研究[J].旅游学刊, 2010, 25（9）: 32-37.

[⑤] 唐雯雯,史春云,孙勇,等.四川省旅游线路的基本特征与空间模式研究[J].旅游论坛, 2015, 8（3）: 66-72.

有全国和区域不同层次的影响力[1]。关于线路设计与优化，韩燕等人探讨了景点拥挤状态下游客的拥挤感知及其调适行为，利用多目标优化模型和粒子群算法进行线路优度评价[2]，李渊等研究了基于旅游者时间约束和空间行为特征的景区旅游线路设计的优化方法[3]，马子钦等提出了一种融合用户特征与群体智慧的多目标旅游线路推荐方法[4]。此外，旅游线路网络空间结构是近年来的研究热点，刘丽敏等人提取了青海省自助游和团队游的旅游线路数据，运用社会网络模型对比分析了两种线路的空间结构特征及其影响因素[5]。

  旅游线路作为旅游研究的重要领域之一，是游客在目的地区域对停留空间和消费空间的理性选择与线性组合，也是具有典型空间属性的社会文化地理现象和经济地理现象在空间上的线性组织[6]。旅游者在目的地之间游览经过的线路，不仅是目的地旅游运行网络形成的重要纽带，同时也反映了目的地的空间"竞合"关系[7]。空间模式和线路设计评价是旅游线路研究的主要内容。在空间模式方面，国外学者Lue、Crompton和Fesenmaier首

---

[1] 史春云，张宏磊，朱明.国内旅游线路模式的空间格局与特征分析[J].经济地理，2011，31（11）：1918-1922，1936.

[2] 韩燕，杨光，武鑫森，等.考虑游客拥挤感知的旅游线路优化设计[J].北京工业大学学报，2018，44（12）：1537-1546.

[3] 李渊，丁燕杰，王德.旅游者时间约束和空间行为特征的景区旅游线路设计方法研究[J].旅游学刊，2016，31（9）：50-60.

[4] 马子钦，陈崇成，黄正睿.融合用户特征与群体智慧的多目标旅游线路推荐方法[J/OL].地球信息科学学报：1-12[2022-04-17]. http://kns.cnki.net/kcms/detail/11.5809.P.20220307.2236.003.html.

[5] 刘丽敏，钟林生，虞虎，等.青海省自助游与团队游线路网络空间特征与影响因素分析[J].经济地理，2018，38（1）：187-195.

[6] 史春云，朱传耿，赵玉宗，等.国外旅游线路空间模式研究进展[J].人文地理，2010，25（4）：31-35.

[7] 孙勇，史春云，唐雯雯，等.云南省旅游线路网络与空间结构特征[J].人文地理，2016，31（1）：147-153+160.

次系统总结了5种旅游线路空间模式（简称"LCF"模型）：单目的地模式、往返模式、营区基地模式、区域环游模式和旅行链模式[①]。Oppermann在此基础上进一步细化出7种模式，包括2种单目的地和5种多目的地旅行模式[②]。在线路设计与评价方面，研究者主要从经济效用和游客空间行为评价旅游线路性能。侯乐等（2016）提出了一种ILS结合布谷鸟搜索（Cuckoo Search，CS）的优化算法，来优化旅游线路的时间花费[③]。朱镇和黄秋云（2019）以欧洲出境观光游为例进行一系列实验，在此基础上提出旅游线路设计质量评价体系及测量标准[④]。

作为一种重要的旅游产品组合，旅游线路是国内旅游主管部门宣传旅游目的地、刺激旅游消费的重要手段。2016年，国家旅游局推出"中国十大精品旅游线路"，旨在挖掘我国丰富旅游资源、特色旅游线路，树立中国旅游新形象。通过旅游大数据与实际游览线路的活跃度，评选出丝绸之路精品旅游线路、京杭大运河精品旅游线路、长江精品旅游线路、黄河精品旅游线路、珠江精品旅游线路、北方冰雪精品旅游线路、香格里拉精品旅游线路、南海风情精品旅游线路、海上丝路精品旅游线路、长征红色记忆精品旅游线路等十大精品旅游线路[⑤]。2020年9月，文化和旅游部整合全国乡村旅游资源，集中向社会推出300条全国乡村旅游精品线路[⑥]。

---

① Lue C C, Crompton J L, Fesenmaier D R. Conceptualization of Multi-Destination Pleasure Trips [J]. Annals of Tourism Research, 1993, 20（2）：289-301.

② Oppermann M. A Model of Travel Itineraries [J]. Journal of Travel Research, 1995, 33：57-61.

③ 侯乐，杨辉华，樊永显，等.基于ILS-CS优化算法的个性化旅游线路研究 [J].计算机科学与探索，2016, 10（1）：142-150.

④ 朱镇，黄秋云.大尺度旅游线路的设计质量评价体系与检验：以欧洲出境观光游为例 [J].旅游学刊，2019, 34（1）：23-33.

⑤ "中国十大精品旅游线路"评选结果公示.旅游圈.2016-11-11.https://www.dotour.cn/25846.html

⑥ 文化和旅游部推出300条乡村旅游精品线路.南国早报.广西.2020-09-23. https://www.sohu.com/a/420316258_417915

3. 旅游者空间行为

（1）概念与内涵

旅游者空间行为（Tourist Spatial Behavior）是旅游者旅行行为的地域移动的游览过程，在地理空间上的映射就表现为旅游线路[①]。国内对于旅游者空间行为的相关研究肇始于20世纪80年代。陈健昌和保继刚最先将旅游者空间行为定义为"人们在地域上进行旅行和游玩的过程"，并根据空间大小将其划分为大、中、小三个尺度。同时，旅游者在不同尺度上通常表现出不同的空间行为。旅游者的大尺度空间行为具有如下特征：一是力图到级别较高的旅游点旅游，表现为倾向于选择级别较高的旅游点作为旅游目的地，以及到达目的地后只游览级别较高的一个或几个旅游点；二是尽可能游玩更多的高级别旅游点；三是力图采用环状路线旅游。旅游者的中、小尺度空间行为除了具有大尺度旅游空间行为所具有的特征以外，还有两个独有的特征：一是采用节点状路线旅游，旅游者大多倾向在居住地/暂住地附近旅游；二是旅行线路往往会影响其旅游效果[②]。林岚等认为，旅游者空间行为是一系列刺激—反应的活动过程，有广义和狭义之分：广义上是指与旅游目的地特定空间有关的旅游者知觉、决策行为表现、旅游活动行为规律及旅行体验行为评估；狭义上是指旅行行为的地域移动的游览过程[③]。学者们提出，旅游者的空间行为规律较为复杂，广泛涉及旅游者的个人偏好、动机、时间分配、游玩消费与体验及空间距离等因素，是所

---

① 陆林，汤云云. 珠江三角洲都市圈国内旅游者空间行为模式研究[J]. 地理科学，2014，34（1）：10-18.
② 陈健昌，保继刚. 旅游者的行为研究及其实践意义[J]. 地理研究，1988，7（3）：44-51.
③ 林岚，许志晖，丁登山. 旅游者空间行为及其国内外研究综述[J]. 地理科学，2007，27（3）：434-439.

有伴随行为的总和，具有距离衰减规律的特征[1][2]。

（2）研究内容

国外对旅游者空间行为的研究始于20世纪60年代，研究内容主要集中于旅游者的空间流动特点和发展规律、游客空间行为模式，研究方法逐步从定性分析发展到定量分析并开展专题性研究，研究成果集中在旅游者动机、旅游决策选择、旅游消费行为和旅游反馈行为等方面[3]。Connell和Page通过研究苏格兰罗蒙湖和特罗萨克斯国家公园的自驾车旅游者，发现不同国籍的旅游者空间行为存在差异[4]。O'Connor等研究了澳大利亚十二使徒国家公园内的旅游者空间行为，为国家公园道路、观景台等旅游基础设施的空间规划提供了参考依据[5]。Smallwood等描述和量化了游客在澳大利亚西北部的宁格鲁海洋公园内的空间活动模式，通过1208次现场访谈收集了调查数据。他们发现，游客的空间行为高度依赖公路网络，不同的景点对于旅游者的吸引程度存在显著差异[6]。

国内对于旅游者空间行为的相关研究缘起于20世纪90年代初，早期相关研究侧重于实践层面。例如，保继刚应用旅游者大中小尺度的空间行

---

[1] 王金伟，王国权，刘乙，等.井冈山红色旅游流时空分布及网络结构特征[J].自然资源学报，2021，36（7）：1777-1791.

[2] Huang X，Li M，Zhang J，et al. Tourists' Spatial-Temporal Behavior Patterns in Theme Parks：A Case Study of Ocean Park Hong Kong[J]. Journal of Destination Marketing & Management，2020，15：100411.

[3] 叶玲翠，吴江，曹芳东，等.林芝市旅游者空间结构与行为特征研究[J].旅游论坛，2021，14（1）：41-51.

[4] Connell, J., Page, S. J.（2008）. Exploring the Spatial Patterns of Car-based Tourist Travel in Loch Lomond and Trossachs National Park，Scotland. Tourism Management，29（3），561-580.

[5] O'Connor, A., Zerger, A., Itami, B.（2005）. Geo-temporal Tracking and Analysis of Tourist movement. Mathematics and Computers in Simulation，69（1-2），135-150.

[6] Smallwood C B，Beckley L E，Moore S A. An Analysis of Visitor Movement Patterns Using Travel Networks in a Large Marine Park，North-Western Australia[J]. Tourism Management，2012，33（3）：517-528.

为规律，探讨旅游宾馆的宏观选址，提出了4种选址模式[①]。李波和袁天凤论述了旅游者空间行为与旅游开发、旅游线路设计、旅游宾馆选址的关系，阐明了旅游者空间行为研究对于旅游线路、宾馆选址乃至区域旅游发展战略的制定的重要意义[②]。近年来，学者们开始广泛利用问卷调查、空间分析、大数据分析等量化方法展开旅游者空间行为的相关研究。李渊等以卫星定位导航数据中的GPS轨迹为基础数据，以旅游者参观景点类型为聚类要素，发现鼓浪屿景区的旅游者有四种行为模式，分别是：历史文化—海岛沙滩型、美食购物型、历史文化—美食购物型和美食购物—历史文化—海岛沙滩混合型[③]。赵海溶等以上海迪士尼和芜湖方特为研究对象，采用GIS分析等方法研究了两个不同等级主题公园的市场空间结构及游客空间行为模式差异[④]。文娜娟等将游客空间移动GPS数据与问卷调研数据相匹配，通过聚类分析获得5类时空行为模式：全天环游型、夜景直线型、半天复杂型、两天覆盖型与半天环游型[⑤]。

4. 旅游交通

（1）概念与内涵

旅游交通（Tourism Traffic）通常是指旅游者利用某种手段和途径，实现从一个地点到达另一个地点的空间转移过程。它既是旅游者抵达目的地

---

① 保继刚.旅游者空间行为规律在宾馆选址中的意义初探［J］.人文地理，1991（3）：36-41.
② 李波，袁天凤.旅游者的空间行为及其与旅游开发、线路设计、宾馆选址的关系兼论内江及川南旅游业的发展［J］.内江师范高等专科学校学报，1999（2）：56-62.
③ 李渊，刘嘉伟，严泽幸，等.基于卫星定位导航数据的景区旅游者空间行为模式研究——以鼓浪屿为例［J］.中国园林，2019，35（1）：73-77.
④ 赵海溶，陆林，查晓莉，等.不同等级主题公园市场空间结构及旅游者空间行为差异——以上海迪士尼和芜湖方特为例［J］.地域研究与开发，2019，38（1）：110-115.
⑤ 文娜娟，孙凤芝，贾衍菊.时空行为模式对景区游客旅游消费的影响研究——以台儿庄古城为例［J］.干旱区资源与环境，2022，36（2）：171-177.

的手段，同时也是旅游者在目的地内活动往来的手段。旅游和交通的关系密切，旅游活动的异地性决定了旅游活动无法离开交通而单独存在。王兴中将"旅游交通"定义为旅游者往返于客源地和目的地以及在旅游目的地活动而提供的交通设施与服务，是旅游者直接体验旅游活动的载体[①]。

旅游交通类型丰富，具有运输和游览娱乐等功能，除了传统的航空、铁路、公路、水路之外，还涉及缆车、观光车、旅游巴士等特种旅游交通。学者们认为，交通是影响旅游者选择目的地的一个重要因素，应从不平等性（Inequality）和外部性（Externality）两方面展开分析[②③]。吴刚等认为，旅游交通是联系旅游客源地和旅游目的地的重要物质纽带，是旅游业必不可少的先决条件和依附基础，旅游交通服务完善程度也是旅游活动评价的重要指标[④]。卞显红和王苏洁从系统的角度出发，提出旅游交通系统的概念，认为旅游交通系统由交通方式、交通路线、交通站点、交通技术四个部分组成[⑤]。综观学者们对旅游交通概念的解读，可以管窥出以下共同点：第一，旅游交通发生在客源地与旅游目的地之间以及不同旅游目的地的内部；第二，旅游交通是在旅游活动过程中所提供的交通设施与服务。

（2）研究内容

作为旅游系统的重要组成要素，旅游交通一直是国际旅游学术界热衷探讨的重要话题。纵观现有相关文献可以发现，旅游交通的研究涉及面较

---

① 王兴中.中国旅游地理［M］.北京：科学出版社，2013.

② Hall D R. Conceptualising Tourism Transport：Inequality and Externality Issues［J］. Journal of Transport Geography，1999，7（3）：181-188.

③ Prideaux B. The Role of the Transport System in Destination Development［J］. Tourism management，2000，21（1）：53-63.

④ 吴刚，陈兰芳，许岩石.旅游交通发展的目标研究［J］.综合运输，2003（4）：51-53.

⑤ 卞显红，王苏洁.交通系统在旅游目的地发展中的作用探析［J］.安徽大学学报，2003（6）：132-138.

广，并演化出一些研究热点，如交通对旅游者出游行为及模式的影响[①]、交通对旅游经济的增长效应[②]、交通网络优化对旅游地吸引力提升[③]、旅游交通对环境的影响[④]等。

国外学者 Bruce 和 Prideaux（2000）指出，交通在新的吸引物聚集体的成功创造与开发中及在现存的吸引物聚集体的健康成长中都起着重要的作用，适合的交通系统能使已经衰退的或消亡的旅游中心区重新焕发出生机与活力，并能吸引大量的旅游者前来。如果游客前往首选目的地的能力受到运输系统效率低下的限制，那么他们就有可能寻找其他目的地[⑤]。

国内对旅游交通的研究内容主要涉及旅游与交通的关联、旅游交通对区域发展的影响、旅游交通安全、旅游交通网络等方面。Chen 等以中国的 153 个城市为样本，使用模糊集定性比较分析方法，研究交通连接策略、社会经济水平、旅游资源禀赋、酒店接待能力等协同因素对区域旅游经济发展的影响，发现航空旅行或传统铁路仍然是影响旅游经济发展的核心条件，而高铁可以发挥支持作用[⑥]。Wang 等认为中国高速铁路网络对区域发展的影响主要存在于以下三大方面：旅游市场的重新分布和转变、更大空

[①] Le-Klaehn D T, Hall C M. Tourist Use of Public Transport at Destinations–a Review [J]. Current Issues in Tourism, 2015, 18（8）: 785-803.

[②] Li M, Chen J. High-Speed Rail Network in China: the Contribution of Fast Trains to Regional Tourism and Economic Development [J]. Tourism Review, 2019, 75（2）: 414-432.

[③] Masson S, Petiot R. Can the High Speed Rail Reinforce Tourism Attractiveness? The Case of the High Speed Rail between Perpignan（France）and Barcelona（Spain）[J]. Technovation, 2009, 29（9）: 611-617.

[④] Kelly J, Haider W, Williams P W. A Behavioral Assessment of Tourism Transportation Options for Reducing Energy Consumption and Greenhouse Gases [J]. Journal of Travel Research, 2007, 45（3）: 297-309.

[⑤] Bruce, Prideaux. The Role of the Transport System in Destination Development [J]. Tourism Management, 2000.

[⑥] Chen J, Li M, Xie C. Transportation Connectivity Strategies and Regional Tourism Economy-Empirical Analysis of 153 Cities in China [J]. Tourism Review, 2021.

间范围的市场竞争以及城市旅游中心的重新配置[1]。此外，不少学者探究了旅游交通与碳排放之间的关联性[2]，并实证分析了其对于环境造成的影响[3]。

关于交通与旅游关联性，学者们从交通和旅游经济的耦合性入手展开研究。例如，吴磊等利用耦合协调模型分析皖南国际文化旅游示范区旅游经济—交通系统耦合协调发展的时空特征，得出两者耦合度较高，但协同程度不高，整体处于中度失调阶段[4]。保继刚和楚义芳（1999）按照旅游交通所涉及的空间尺度和旅行过程将其分为三个层次：外部交通、由旅游中心城市到风景区的交通和内部交通。他们认为，高质量是现代旅游交通的特点，也是构成旅游竞争能力的决定性因素[5]。卞显红和王苏洁（2003）从更为具体的视角指出，旅游交通是指支撑旅游目的地旅客流和货物流流进、流出的交通方式，路径与始终点站的运行及其之间的相互影响，包括旅游目的地内的交通服务设施的供给及其与旅游客源地区域交通连接方式的供给[6]。交通作为联系旅游者与目的地之间的纽带，在旅游目的地发展中的关键作用已得到广泛认知。

在旅游交通对区域发展的影响方面，汪德根运用首位度和位序—规模法则分析武广高铁对湖北省区域旅游空间格局变化的影响，并利用社会网

---

[1] Wang X, Huang S, Zou T, et al. Effects of the High Speed Rail Network on China's Regional Tourism Development [J]. Tourism Management Perspectives, 2012, 1: 34-38.

[2] Mishra S, Sinha A, Sharif A, et al. Dynamic Linkages between Tourism, Transportation, Growth and Carbon Emission in the USA: Evidence from Partial and Multiple Wavelet Coherence [J]. Current Issues in Tourism, 2020, 23 (21): 2733-2755.

[3] Peeters P, Szimba E, Duijnisveld M. Major Environmental Impacts of European Tourist Transport [J]. Journal of Transport Geography, 2007, 15 (2): 83-93.

[4] 吴磊, 焦华富, 叶雷. 皖南国际文化旅游示范区旅游经济与交通耦合协调发展的时空特征 [J]. 地理科学, 2019, 39 (11): 1822-1829.

[5] 保继刚, 楚义芳. 旅游地理学（修订版）[M]. 北京: 高等教育出版社, 1999: 16-89.

[6] 卞显红, 王苏洁. 交通系统在旅游目的地发展中的作用探析 [J]. 安徽大学学报, 2003 (6): 132-138.

络分析比较湖北高铁和非高铁旅游流网络结构的差异[①]。值得注意的是，旅游交通对环境的影响成为近年来的研究热点。例如，马慧强等利用 Kaya 等式和 LMDI 分解模型分析测算山西省旅游交通碳排放的影响因素[②]。郭向阳等研究发现，中国旅游交通碳排放呈递增态势，总体空间分异特征显著，呈现由东至西递减态势[③]。总的来看，学者们已经意识到了旅游交通的重要性，并对其展开了大量研究，未来可以进一步结合大数据以及空间分析等量化方法对旅游交通的影响和空间特征展开进一步研究。同时，下一步可以更多关注游客对于旅游交通的评价和满意度等议题。

三、产业与区域维度

1. 旅游目的地

（1）概念与内涵

旅游目的地（Tourist Destination）是游客开展旅游活动的主要载体和旅游系统空间结构的重要依托。学术界关于旅游目的地的研究已经具有了一定的深度和广度，基本上形成了一个以旅游目的地为核心的体系框架[④]。从地理空间上来看，旅游目的地通常是一个明确的、具有一定空间范围的地理区域，如一个国家、岛屿、城市或景区。Buhalis 从旅游者的

[①] 汪德根. 武广高速铁路对湖北省区域旅游空间格局的影响[J]. 地理研究, 2013, 32(8): 1555-1564.
[②] 马慧强, 刘嘉乐, 弓志刚. 山西省旅游交通碳排放测度及其演变机理[J]. 经济地理, 2019, 39(4): 223-231.
[③] 郭向阳, 穆学青, 明庆忠, 等. 中国旅游交通碳排放格局及其影响因素解析[J/OL]. 地理与地理信息科学. https://kns.cnki.net/kcms/detail/13.1330.P.20220111.0934.002.html.
[④] 马勇, 张祥胜. 国内旅游目的地研究综述[J]. 世界地理研究, 2008(1): 144-153, 173.

角度提出，旅游目的地是一个可由旅游消费者主观上理解的、可感知的（Perceptual）概念，并进一步提出了旅游目的地的"6A"模型：旅游吸引物（Attraction）、交通（Accessibility）、设施和服务（Amenities）、包价服务（Available Package）、活动（Activities）、辅助性服务（Ancillary Service）[①]。国内学者张立明和赵黎明认为，旅游目的地是对应于旅游客源地、旅游过境地而言的，它不同于一般的旅游地或旅游景区，是具有独特的旅游地形象、具有完善的区域管理与协调机构，能够使潜在旅游者产生出游动机、并做出出游决策实现其旅游目的的区域[②]。保继刚则认为，旅游目的地是旅游资源与旅游专用设施、旅游基础设施以及相关的其他条件有机集合起来的一定范围的地域空间[③]。

（2）研究内容

国外对于旅游目的地的研究较为全面和深入，主要可以分为旅游目的地空间结构、旅游目的地营销与管理、旅游目的地产品开发、旅游目的地可持续发展等领域。关于旅游目的地的空间结构，Gunn 和 Var 提出了"目的地地带"的概念，认为其是由吸引物组团、服务社区、中转通道和区内通道等几部分构成[④]；Dredge 和 Dianne 提出了旅游目的地空间结构的三种模式，分别为：单节点目的地、多节点目的地、链状节点目的地[⑤]。在旅游

---

① Buhalis D. Marketing the Competitive Destination of the Future［J］. Tourism Management，2000，21（1）：97-116.

② 张立明，赵黎明.旅游目的地系统及空间演变模式研究——以长江三峡旅游目的地为例［J］.西南交通大学学报（社会科学版），2005（1）：78-83.

③ 保继刚.旅游开发研究——原理·方法·实践［M］.北京：科学出版社，1996.

④ Clare A Gunn，Turgut Var.旅游规划理论与案例（第四版）［M］.吴必虎，等译.大连：东北财经大学出版社，2005：4.

⑤ Dredge，Dianne. Destination Place Planning and Design［J］. Annals of Tourism Research，1999，26（4）：772-791.

目的地的营销与管理方面,学者们对于不同类型(如红色旅游[①]、智慧旅游[②]、农业旅游[③])的旅游目的地均进行了探讨。例如,Wang 等分析了说明方式如何预测游客对黑色旅游目的地的满意度和忠诚度[④],Beritelli 等运用公司治理的相关理论评估了瑞士阿尔卑斯山的 12 个旅游目的地的治理结构和演化[⑤]。在旅游目的地产品开发方面,Benur 和 Bramwell 明确了目的地产品开发和多样化经营的概念框架,发现目的地的旅游产品存在利基、大众、整合和并行等特征[⑥]。在旅游目的地可持续发展方面,Wu 等利用数据包络分析衡量了目的地的可持续性和竞争力[⑦],Mathew 和 Sreejesh 发现目的地社区居民感知的负责任旅游对于其目的地的可持续性和生活质量具有显著影响作用[⑧]。

国内关于旅游目的地的相关研究同样呈现"百花齐放"的发展态势,

[①] Tang W, Zhang L, Yang Y. Can Red Tourism Construct Red Memories? Evidence from Tourists at Mount Jinggang, China [J]. Journal of Destination Marketing & Management, 2021, 20: 100618.

[②] Sorokina E, Wang Y, Fyall A, et al. Constructing a Smart Destination Framework: A Destination Marketing Organization Perspective [J]. Journal of Destination Marketing & Management, 2022, 23: 100688.

[③] Joyner L, Kline C, Oliver J, et al. Exploring Emotional Response to Images Used in Agritourism Destination Marketing [J]. Journal of Destination Marketing & Management, 2018, 9: 44-55.

[④] Wang J, Wang G, Zhang J, et al. Interpreting Disaster: How Interpretation Types Predict Tourist Satisfaction and Loyalty to Dark Tourism Sites [J]. Journal of Destination Marketing & Management, 2021, 22: 100656.

[⑤] Beritelli P, Bieger T, Laesser C. Destination Governance: Using Corporate Governance Theories as a Foundation for Effective Destination Management [J]. Journal of Travel Research, 2007, 46(1): 96-107.

[⑥] Benur A M, Bramwell B. Tourism Product Development and Product Diversification in Destinations [J]. Tourism Management, 2015, 50: 213-224.

[⑦] Wu D, Li H, Wang Y. Measuring Sustainability and Competitiveness of Tourism Destinations with Data Envelopment Analysis [J]. Journal of Sustainable Tourism, 2022: 1-21.

[⑧] Mathew P V, Sreejesh S. Impact of Responsible Tourism on Destination Sustainability and Quality of Life of Community in Tourism Destinations [J]. Journal of Hospitality and Tourism Management, 2017, 31: 83-89.

形成旅游目的地"宏观+微观+综合"的研究范式，宏观研究主要从经济学（需求和供给）、市场学（形象和营销）和管理学（管理、影响效应和发展）等学科视角展开，微观研究主要表现为专项、实证和空间结构研究等[①]。空间结构及其演变机理是旅游目的地研究的重要领域，学者们对旅游目的地的空间形态、空间结构演化、空间结构发展模型、空间结构网络化等方面展开了详细论证。例如，刘名俭和黄猛研究后发现，旅游目的地空间结构要素可以分为核心要素（资源分布、交通组织和配套设施）、关联要素（市场结构、游客行为、产品开发和功能定位）和协调要素（社会、经济、文化和政策）[②]。高苹和席建超以河北省野三坡旅游地为例，构建旅游目的地空间网络，发现目的地网络具有空间聚集性，服从幂律分布，具有无标度网络特性和层次性[③]。黄金火和吴必虎以西安地区为例，构建了由旅游目的地区域、旅游区、节点、区内路径、入口通道和客源地市场等六个要素构成的旅游系统空间结构模型，并按照旅游开发的时序关系，阐述了该模型在不同阶段的演变形态和特征[④]。

另外，美国学者Gunn于1972年提出了"旅游目的地地带"（Tourism Destination Zone，TDZ）的概念，它由通道、入口、吸引物综合体、服务社区、连接通道等几部分组成。其中，吸引物综合体指一系列有序的吸引物，是旅游者进行旅游休闲活动的场所；服务社区是提供食宿服务设施、

[①] 吕俊芳，张嘉辰.国内近20年旅游目的地研究述评[J].安阳师范学院学报，2018（2）：80-86.
[②] 刘名俭，黄猛.旅游目的地空间结构体系构建研究——以长江三峡为例[J].经济地理，2005，25（4）：581-584.
[③] 高苹，席建超.旅游目的地网络空间结构及其复杂性研究——野三坡旅游地案例实证[J].自然资源学报，2018，33（1）：85-98.
[④] 黄金火，吴必虎.区域旅游系统空间结构的模式与优化——以西安地区为例[J].地理科学进展，2005（1）：116-126.

交通设施和旅游购物的场所；两者通过连接通道联系在一起。游客通过各种通道在旅游目的地地带的流动在空间上呈现出一定的组织性。在区域层面上，由连接通道联系起多个旅游目的地地带，经过有机整合，形成一个较为完整的区域旅游空间结构布局模式。Gunn将这种区域旅游空间划分为三个主要功能单元：目的地地带、游览廊道和非吸引物腹地。空间模型中的交通因素相当重要，它不仅为游客提供在社区和吸引物之间移动的通道，还联系着市场和吸引物两端。这些通道是吸引物的视觉前奏，需要精心设计和规划。在非吸引物腹地中，随着市场需求的变化，有可能发现具有开发潜力的新的社区和吸引物[1]。

2. 区域开发理论

（1）概念与内涵

1984年10月，陆大道在《2000年我国工业布局总图的科学基础》报告中首次提出"点—轴理论"[2]，这一理论的提出，为我国区域发展和区域空间结构的研究奠定了重要的理论根基。"点"指各级居民点和中心城市，"轴"指由交通、通信干线和能源、水源通道连接起来的"基础设施束"。"点—轴系统"理论的基本要点和意义：(1) 经济和社会客体在区域或空间范畴总是处于相互作用之中，由此导致空间集聚和空间扩散两种倾向；(2) 在国家和区域发展过程中，大部分社会经济要素（客体）在"点"上集聚，并由线状基础设施联系在一起而形成"轴"；(3) "轴"对附近区域有很强的经济吸引力和凝聚力。轴线上集中的社会经济设施通过产品、信

---

[1] Gunn C A. Tourism Planning [M].New York：Taylor & Francis，1988.
[2] 陆大道.二零零零年我国工业生产力布局总图的科学基础[J].地理科学，1986，6(2)：110-118.

息、技术、人员、金融等，对附近区域有扩散作用。扩散的物质要素和非物质要素作用于附近区域，形成新的生产力。在国家和区域的发展中，在"基础设施束"上一定会形成产业聚集带即经济带；（4）随着社会经济的进一步发展，"点—轴"必然发展到"点—轴—集聚区"。

点轴开发模式是增长极理论的延伸，从区域经济发展的过程看，经济中心总是首先集中在少数条件较好的区位，呈斑点状分布。这种经济中心既可称为区域增长极，也是点轴开发模式的点。随着经济的发展，经济中心逐渐增加，点与点之间，由于生产要素交换需要交通线路以及动力供应线、水源供应线等，相互连接起来就是轴线。这种轴线首先是为区域增长极服务的，但轴线一经形成，对人口、产业也具有吸引力，吸引人口、产业向轴线两侧集聚，并产生新的增长点。点轴贯通，就形成点轴系统。因此，点轴开发可以理解为从发达区域大大小小的经济中心（点）沿交通线路向不发达区域纵深地发展推移[①]。可以说，"点—轴系统"是区域发展的最佳的空间结构[②]。学者们发现，区域可达性和位置级差地租是点轴空间结构系统形成的重要原因[③]，当"点"的竞争力提升，周边资源向"点"集聚，形成不同等级规模的集聚区（也属于"点"），多个"点"又沿着若干个线状基础设施（轴）方向渐进扩散，成为发展轴线，最终形成经济带。

（2）研究内容

自"点—轴理论"提出以来，学者们开始将其应用于旅游开发、经

---

① 陆大道.区域发展及其空间结构[M].北京：科学出版社，1995.
② 陆大道.建设经济带是经济发展布局的最佳选择——长江经济带经济发展的巨大潜力[J].地理科学，2014，34（7）：769-772.
③ 吴传清，孙智君，许军.点轴系统理论及其拓展与应用：一个文献述评[J].贵州财经学院学报，2007（2）：30-36.

济带建设等研究领域。在旅游开发方面,学者们基于"点—轴理论"探究了中国多个区域的旅游空间结构,如环渤海地区[①]、皖江城市带[②]、辽宁沿海经济带[③]。汪德根等以"点—轴系统"理论为基础,结合呼伦贝尔—阿尔山旅游区系统,确定了旅游区的重点发展点和发展轴,形成"点""轴""面"相结合的"板块旅游"空间结构体系,以优化呼伦贝尔—阿尔山旅游区空间结构,实现旅游业可持续发展[④]。在经济带建设方面,吴淼等运用"点—轴理论"探究新疆与西西伯利亚区域的经济合作,提出以第一和第二亚欧大陆桥为主要经济发展带,打通新西伯利亚市和乌鲁木齐市两个区域发展核心之间的直接陆路通道,建立乌—新经济发展轴[⑤]。值得注意的是,铁路的修建加强了各区域间的联系,区域可达性增强,同时经济中心点亦可通过交通线路(轴)扩散至周边市区(城镇),形成多个经济中心点,进而发展成经济带,促进区域经济发展,因此学者们广泛运用"点—轴理论"探究铁路经济带的构建和发展。例如,高大洪和郭海亮主张以青藏铁路为依托,以沿线城市为极点,形成青藏铁路经济带,从而引领全区经济跨越式发展[⑥]。总的来看,"点—轴理论"已成为区域开发的基础性理论,对各种类型的区域开发与经济带建设具有重要的指

---

① 宋亮凯,李悦铮,徐凯.基于点—轴理论的环渤海地区旅游空间结构研究[J].世界地理研究,2016,25(3):99-105.
② 沈惊宏,陆玉麒,韩立钦,等.基于"点—轴"理论的皖江城市带旅游空间布局整合[J].经济地理,2012,32(7):43-49.
③ 李红波,张小林,李悦铮.基于点—轴理论的辽宁沿海经济带旅游空间结构研究[J].经济地理,2011,31(1):156-161.
④ 汪德根,陆林,陈田,等.基于点—轴理论的旅游地系统空间结构演变研究——以呼伦贝尔—阿尔山旅游区为例[J].经济地理,2005(6):904-909.
⑤ 吴淼,杨兆萍,张小云.点—轴理论在新疆与西西伯利亚区域经济合作中的应用[J].地理学报,2010,65(8):929-937.
⑥ 高大洪,郭海亮.基于增长极和点轴开发理论基础上的青藏铁路经济带发展战略研究[J].西藏大学学报(社会科学版),2008(2):13-16.

导作用和应用价值。同时，该理论也成为旅游空间结构研究的重要的方法论依据。

3. 产业一体化理论

（1）概念与内涵

随着经济全球化进程的推进，区域经济一体化成为获取经济集聚及互补效应，促成区域整体效益最大化的重要方式[①]。近年来，我国长三角、珠三角、京津冀等地区的经济一体化也取得了重要发展。由于区域经济一体化是形成合理的区域分工体系的过程，其实质是对同构性的产业资源进行整合，建立起具有分工协作的产业链，因此，产业一体化是区域经济一体化的核心内容。产业一体化发展将促进资本、技术、人才等产业要素在区域内合理流动，优化区域资源配置，进而提升地区专业化水平与产业创新能力，因而产业一体化在受到政府部门关注的同时，也日益成为区域经济学、产业经济学等相关学科关注的热点[②]。

通常来说，产业一体化的基本形式可以分为纵向一体化、横向一体化以及混合一体化三类。①纵向一体化：也称为垂直一体化，是指生产或经营过程相互衔接、紧密联系的企业之间实现一体化，即向产业链的上下游发展，可分为向产品的深度或业务的下游发展的前向一体化和向上游方向发展的后向一体化，也可以按物质流动的方向划分为前向一体化和后向一体化；②横向一体化：也称为水平一体化，是指与处于相同行业、生产同类产品或工艺相近的企业实现联合或合并，获得同行竞争企业的所有权或

[①] 陈雯，陈顺龙.厦漳泉大都市区同城化——重塑发展新格局[M].北京：科学出版社，2012.
[②] 王安平.产业一体化的内涵与途径——以南昌九江地区工业一体化为实证[J].经济地理，2014，34（9）：93-98.

控制权，其实质是资本在同一产业和部门内的集中，目的是扩大规模、降低产品成本、巩固市场地位；③混合一体化：是指处于不同产业部门、不同市场且相互之间没有特别的生产技术联系的企业之间的联合。

（2）研究内容

国内学者针对产业一体化进行了大量有益的探索，并针对长三角[①]、珠三角[②]、京津冀[③]、武汉城市圈[④]等典型区域进行了实证研究，重点分析产业一体化的现状与不足，进而探讨对策建议等。例如，葛堃等运用SVR算法、SBM-DEA模型、耦合协调度模型和PVAR模型研究了长江中游城市群产业一体化对城市绿色全要素生产率的影响效应[⑤]。蓝庆新和关小瑜利用计量模型和产业一体化相关指数，着重分析京津冀产业一体化的现状和面临的问题，提出未来京津冀地区应突破行政体制分割，统筹区域产业发展；加强顶层设计，优化产业布局；促进区域内要素合理流动[⑥]。

总体而言，尽管关于产业一体化的相关研究日益涌现，吸引了学者们的广泛关注，但是现有研究仍然存在一些不足。一是对于产业一体化概念与内涵的剖析较为薄弱，相关理论建构存在显著不足；二是现有研究多是基于简单定性描述的现状分析与策略探讨，缺乏基于量化方法的实证分析；三是研究对象多侧重于大空间尺度上的区域产业一体化发展，对于中小空

---

① 许新.长三角区域一体化发展与产业结构升级——基于空间溢出视角的研究[J].时代经贸，2021，18（7）：103-105.

② 张补宏，韩俊刚.珠三角区域旅游一体化机制创新探析[J].地理与地理信息科学，2011，27（6）：96-100.

③ 李晓欣.京津冀区域产业一体化发展的统计研究[D].天津：天津财经大学，2015.

④ 雷欣.武汉城市圈产业一体化的绩效评估与对策研究[J].武汉大学学报（哲学社会科学版），2013，66（1）：92-97.

⑤ 葛堃，邹珊，张东祥，等.产业一体化的绿色发展效应——以长江中游城市群为例[J].科技管理研究，2021，41（15）：197-206.

⑥ 蓝庆新，关小瑜.京津冀产业一体化水平测度与发展对策[J].经济与管理，2016，30（2）：17-22.

间尺度的区域产业一体化关注尚且不足；四是关于产业一体化的研究有待进一步细化和深挖，现有研究多是侧重于宏观层面的区域产业一体化，未来可以进一步细化不同产业的区域一体化水平，如体育、旅游、文化、会展等。

第三章　大型线性旅游空间的成因与类型

一、自然条件

大型线性旅游空间的形成与旅游活动和旅游产业的线性集聚密切相关。基于自然形态而形成的大型线性旅游空间围绕山脉、河流、海岸和狭长半岛等线性自然景观，将诸多旅游吸引物联系起来，将相互独立的各级旅游地系统组合成旅游板块，吸引旅游活动和旅游产业聚集，辐射、影响和带动周边地区的发展。本部分重点阐释基于山脉、河流、海岸和狭长半岛等成因形成的大型线性旅游空间的模式。

1. 山脉

山脉沿一定方向延伸，呈线性、绵长特点。基于山脉形成的大型线性旅游空间，区域内的旅游活动和产业沿着山脉走向集中分布，绵延数十公里甚至数千公里。下面以阿巴拉契亚山脉、阿尔卑斯山脉和我国的太行山脉为例，阐释基于山脉资源的大型线性旅游空间模式。

阿巴拉契亚山脉位于美国东部，是北美洲东部众多山脉的统称。从加拿大的纽芬兰和拉布拉多起绵亘于北美洲东部，向南至亚拉巴马州中部止，全长近3200公里，宽130~560公里，呈东北—西南走向。阿巴拉契亚山脉沿线旅游资源丰富，旅游产业集聚，山地旅游业是该区主要经济来源之一。阿巴拉契亚山脉是北美洲主要的休闲地区之一，山系大部地区为独特景观。阿巴拉契亚小道蜿蜒3380公里，从缅因州的卡塔丁山延伸至乔治亚州的斯普林格山的这一步行小道为徒步旅行者提供了观赏阿巴拉契亚山系各个山岭的大看台。从弗吉尼亚北部的谢南多厄国家公园至大雾山国家公园755公里的非商业性汽车线路，是最受欢迎的观光地区。该地区可以观赏到春季到初夏开放的杜鹃、月桂，秋季的红叶是独特的胜景，在这里可以进行汽车旅行、徒步旅行、野营、钓鱼、滑雪和划船等户外活动，另外还有各种手工业中心、国家森林和历史遗迹以及4个国家公园和众多的州立公园供游人参观，全区广泛分布较受欢迎的矿泉疗养地。

阿尔卑斯山脉呈弧形，长1200公里，宽130~260公里，平均海拔约3000米，位于欧洲中南部，是欧洲最大的山脉。阿尔卑斯山景色十分迷人，是世界著名的风景区和旅游胜地，被世人称为"大自然的宫殿"和"真正的地貌陈列馆"。围绕阿尔卑斯山脉形成的大型线性旅游空间，聚集了众多旅游活动，如冰雪运动、山地运动、探险活动等，这些都是最常见的旅游资源或吸引物类型，因此在欧洲阿尔卑斯山地附近诞生了一批现代旅游目的地。例如瑞士围绕阿尔卑斯山山地资源已形成了山地生态运动型旅游发展格局，成为欧洲重要生态山地旅游目的地。阿尔卑斯山覆盖的部分国家以其山地自然与文化资源优势，塑造了"崇尚自然"的山地旅游目的地形象，通过不断创新山地旅游规划和策划，延续山地旅游业活力并维持山地旅游体验的独特内涵和品牌效应。此外，山地旅游发展又融合数据技术和人文意象等支撑要素，创造新式雪上观光、疗养、生态、探险、运动等旅游产品，并形成特色化、差异化的传统与现代相结合的山地旅游产品体系；与此同时，不断延伸山地旅游农工旅一体化业态及其发展空间，并举办各种有国际影响力的山地节事活动，激增的山地游客数量实现了山地旅游产业的井喷式增长。山地景区内部交通设计方面，已经打造出适宜山地运动游憩的步行、骑行、水上、旱冰漫游交通网络体系，覆盖山地景区内外空间。

太行山脉位于山西省与华北平原之间，纵跨北京、河北、山西、河南4省市，山脉北起北京市西山，向南延伸至河南与山西交界地区的王屋山，西接山西高原，东临华北平原，呈东北—西南走向，绵延400余公里。太行山脉是我国旅游业发展最为成熟的山岳型旅游目的地之一，目前已形成西柏坡、红旗渠、云台山、五台山、野三坡、皇城相府、王莽岭等旅游品牌，截至2019年拥有5A级景区14家，4A级景区124家，接待国内外游客达5.6亿人次，实现旅游总收入达4369.7亿元。《太行山旅游业发展规划（2020—2035年）》[1]综合考虑太行山地理空间边界、山水文化生态单元完整性、旅游交通格局以及产业发展基础，兼顾跨区域协调发展，构建了"重点引领、三区联动、板块集聚、廊道串联"的旅游业空间格局。太行山山水文化生态单元具有完整性、资源禀赋高和区域融合发展程度高等特点，且东西向交通通道建设基础好。因此，太行山大型线性旅游空间以推进产业集聚和区域协调发展为目标，打破行政区划界线，构建跨区域的旅游产业集聚板块，推进建设旅游产业集聚带。以环太行山旅游风景道以及各板块内部跨区域旅游风景廊道建设为核心，协同推进东太行山区、西太行山区和南太行山区三大旅游片区，以及跨区域旅游板块联动发展，实现太行山旅游业一体化、网络化发展。

2. 河流

河流蕴含了丰富的文化，人类社会文明均孕育于大河流域，如古代中

---

[1]《太行山旅游业发展规划（2020—2035年）》发布[J].空运商务，2020（10）：10.

国与黄河、古埃及与尼罗河等。河流的三角洲平原、洪（冲）积扇及河漫滩平原地势平坦、土壤肥沃、水源丰富，因此世界上大多数人口和城镇往往呈条带状分布于距离河流较近的陆地空间。同时，也产生了诸如巴塞尔、布达佩斯、维也纳、开罗、南京等重要的文化城市和旅游城市。此外，河流的空间形态天然地具有线状游线安排特征，适合水上活动与岸线活动的结合。世界上很多旅游目的地和旅游产品均依靠河流组织起来。例如，欧洲的多瑙河、非洲的尼罗河等均是著名的旅游吸引物、目的地和旅游线路。我国的长江三峡和桂林漓江是最早面向国际市场推出的精品旅游线路，已经形成中国旅游的品牌，在中国旅游业中占据重要地位。浙江富春江（从上游到下游分别称新安江、富川江、钱塘江），上海黄浦江，吉林松花江，黄河的兰州段、银川段、晋陕峡谷段等均是著名的水体景观区段。下面以多瑙河、尼罗河及长江为例，阐释大型线性旅游空间的形成模式。

多瑙河大型线性旅游空间是围绕多瑙河集聚了大量旅游活动与旅游产业的旅游目的地形态。长达2888公里的多瑙河是欧洲第二大河流，孕育了丰富的文化历史遗产和自然景观，沿线聚集了许多历史文化名城，如维也纳、布达佩斯等地区。多瑙河流域旅游资源丰富，旅游吸引物众多，因此旅游发展得早，也发展得很成熟。多瑙河沿岸文化历史景点（超过四十个世界遗产），还有约三十个自然保护区，四个首都（维也纳、布拉迪斯拉发、布达佩斯、贝尔格莱德）以及许多风景如画的历史名城。多瑙河有丰富的文化和历史线路，其中包括罗马皇帝线路、新艺术运动、历史温泉城市等，为体验更多欧洲大陆提供灵感。此外，多瑙河流域有数十个葡萄酒产区。

尼罗河长6670公里，是世界上最长的河流，是世界文明发祥地之一，这一地区的人民创造了灿烂的文化，突出的代表就是古埃及。城市沿尼罗河分布，是因为尼罗河流域大多是热带沙漠气候，全年炎热干燥，因此人口和城市的分布依赖于水源。河流是居民生产、生活及城市建设和发展的水源。而且，尼罗河沿岸土壤肥沃，地势低平，灌溉水源充足，有利于发展农业。尼罗河旅游的发展历史较早，但限于自然和人文多方面原因，仍主要局限在下游局部河段，还有很大的发展空间。

长江与黄河一道，也是中华民族的母亲河。长江干流长6300公里，沿途串联众多城市和旅游资源，不乏长江三峡这样的世界级旅游吸引物或品牌。一些长江流域区域或支流，承载了丰厚的"二级"文化内容，如"荆楚""江南""巴蜀""汉水""洞庭"等，形成丰富多彩、异彩纷呈的局面。在长江重庆奉节至湖北宜昌段之间，较早地形成了国际知名的旅游产品线路，同时也是跨省旅游产业合作的典范。依托重庆、武汉、南京、宜昌、岳阳、九江、荆州等重要旅游城市或区域枢纽，长江作为一个整体，其旅游效应和品牌价值仍有很大的发展空间。

3. 海岸

海岸，又称海滨，一般呈带状分布。优质的海岸（海滨）资源在世界旅游产业占据至关重要的地位。依托海滨的景观、生态、气候和文化资源，形成了一批世界上发展最早影响最大的旅游度假目的地。海岸旅游业的发展又带动了旅游基础设施的完善和旅游产业的聚集，逐渐发展成为大型线性旅游空间。下面以地中海和海南岛海岸为例，阐释基于海岸景观的大型线性旅游空间的形成模式。

地中海是欧洲、非洲和亚洲大陆之间的一块海域，由北面的欧洲大陆、南面的非洲大陆和东面的亚洲大陆包围着，西面通过直布罗陀海峡与大西洋相连，东西共长约4000公里，南北最宽处约为1800公里，面积（包括马尔马拉海，但不包括黑海）约为251.2万平方公里，是世界上最大的陆间海。沿岸国家众多，著名的旅游城市有马赛、罗马、巴塞罗那、伊斯坦布尔、开罗、瓦莱塔。地中海是世界上最古老的海之一，历史比大西洋还要古老，地中海沿岸还是古代文明的发祥地之一，这里有古埃及的灿烂文化，有古巴比伦王国和波斯帝国的兴盛，更有欧洲文明的发源地。此外，地中海沿岸形成了重要的滨海旅游目的地，例如以阳光沙滩著称的西班牙"太阳海岸"就位于地中海沿岸，长200多公里，被誉为世界六大完美海滩之一，也是西班牙四大旅游区之一。该海岸连接近百个中小城镇，随着旅游业的发展，旅游基础设施的进一步完善以及旅游活动和产业的聚集，许多原来人烟稀少的沿海村庄都已成为现代化旅游点。

海南岛拥有1900多公里形态各异、风光旖旎的海岸线。蜿蜒秀美的海岸带，不仅有着丰富的生态资源、旅游资源、文化资源，也是岛民们世代居住的美丽家园。海南岛海岸带风貌划分为四种类型，即基岩海岸、砂（砾）质海岸、泥质海岸和生物海岸。海南滨海旅游带的三亚滨海旅游产品已经逐渐从起步走向成熟，出现了滨海旅游传统业态和新业态齐头并进的新局面。通过不断挖掘滨海休闲运动项目发展潜力，开展国际帆船赛、马拉松等国际赛事产品，以及推动海上休闲观光旅游，开发游艇、帆船、潜水和冲浪等海上娱乐产品，已经初步形成了颇具吸引力的滨海度假产品体系。

4. 综合地形

因自然地形形成的条带状地区，并由此复合上各种其他自然（土壤、水文、植被）和文化因素（交通、城镇、农业等），如著名的河西走廊等。

河西走廊主要位于甘肃省西北部，祁连山以北，乌鞘岭以西，东西延绵1000公里，南北狭窄仅为数公里至200公里不等，因居黄河以西呈狭长廊道地形而得名，主要包括武威、金昌、张掖、酒泉、嘉峪关五市。河西走廊是我国地理形态最丰富的区域，雪山、沙漠、草原、戈壁、森林等生态和地理景观交相辉映，同时也以悠久丰富的人文历史闻名于世，成为河西走廊文旅融合发展的优势资源。河西走廊自中国西汉武帝时期对匈奴作战成功后，被纳入汉朝版图，成为中国内陆通往西域的必经之路，逐步成为汉朝联系西北地区的军事、商贸要地，之后开辟了东西方之间的丝绸之路。中西方文化、商贸、政治、艺术、宗教等互相往来，交汇融合，至唐朝时期，河西走廊达到了历史上最繁荣鼎盛的时期，敦煌成为世界著名的商贸文化重镇，武威、张掖、酒泉、嘉峪关等也发展成为重要的历史文化名城，中国、印度、希腊、伊斯兰等文化体系元素在丝绸之路交汇。历史的辉煌形成了河西走廊独特的地域文化，遗留了丰富的历史古迹，享有盛名的有佛教文化、少数民族文化、长城文化以及丝路文化等。根据国家旅游资源统计标准（2003），河西走廊拥有古建遗址180多处，涵盖了4个主类，13个亚类。敦煌莫高窟、嘉峪关关城、玉门关遗址、锁阳城遗址、悬泉置遗址为世界文化遗产。祁连山下草原绿洲上的裕固族是甘肃特有的少数民族，孕育了丰富多彩的少数民族文化。

5. 其他

一些半岛，深入海洋，形成天然的狭长带状空间。依托大型狭长半岛的滨海旅游，成为大型线性旅游空间的另一种模式。

佛罗里达半岛是美国东南海岸突出的大半岛，大致相当于佛罗里达州的范围。它东濒大西洋，西临墨西哥湾，南隔佛罗里达群岛与古巴相望，北与佐治亚州、亚拉巴马州接壤，面积 15.17 万平方公里，是美国最大的半岛。佛罗里达半岛也是著名的旅游、疗养胜地。佛罗里达半岛风光迷人，有棕榈滩、大沼泽等知名景点。包括迪士尼乐园在内的众多旅游度假产品、业态、品牌诞生并聚集于佛罗里达半岛。

二、文化遗产

1. 历史交通和贸易线

古代商道的开通促进了不同族群之间的文化交流，是贸易带动的多维度交流与相互文化滋养过程的缩影。活动的线路主体以及相关设施、景观和可移动文物被保存了下来，成为重要的旅游资源。大型历史交通线有着旅游品牌效应，拥有巨大的国际旅游市场潜力，有利于打造大型线性旅游空间。

丝绸之路是一条横贯亚洲、连接欧亚大陆的著名古代陆上商贸通道。丝绸之路全长 7000 多公里，中国境内总长 4000 多公里。丝绸之路的基本走向形成于公元前后的两汉时期，繁荣于 6~9 世纪，是人类历史上最重要的欧亚大陆文化和经济交流的通道，这种区域性功能也促进了该地区历史城镇的繁荣和兴盛。随着丝绸之路的拓通、丝路贸易的开展，在商贸活动最活跃的地区，形成了一批集镇，并在此基础上演变为以商贸为主要职能的专业性城镇。随着丝绸之路的发展，西域各国在政治、经济和文化心理上与内地的联系代代相沿，日渐加深。农牧业发展为人口集聚和手工业、商旅给养提供了可能，也丰富了沿线物质交流的品种，丝路畅通和沿线贸易活动不断地发展深入，引致资金、商品、人口向部分区位较好的城镇聚集，推动了城镇经济的发展，并形成了一系列专门服务于不同民族进行贸易交往的商业贸易中心城镇，改变了原有城镇的单一消费性质。随着丝绸之路进入繁华和鼎盛时期，城镇建设空前发展，城镇规模和数量不断扩大。

茶马古道是自唐宋以来形成的一条辐射滇、藏、川西南边疆地区及缅甸、印度等东南亚、南亚国家的民间贸易通道，包括川藏道和滇藏道等[①]。由于唐代以来这种贸易关系主要是以内地之茶与藏区之马进行交换的形式进行，故历史上称之为"茶马互市"或"茶马贸易"。伴随这一贸易而开通的商道，被称为"茶马古道"。城镇随着茶马古道的开通逐渐兴起。在川藏线茶马古道的邛崃、打箭炉（康定）、昌都；滇藏线茶马古道的迪庆、丽江等城镇都是以茶马贸易为契机而兴起、繁荣的。明清以来，随着少数民族与内地之间交流的不断深入，经济上的联系亦日益加强，这就导致了原本属于官方性质的互市，转变成为民间性质的贸易，在满足各自需求的基础上，不断地扩大、发展。经贸的发展带来人口的迁徙，越来越多的中原内地居民来到边疆地区，这就使得原本单纯的商业线路，变为人口迁徙的移民线路。一方面，更多的人来到边疆，充实了边地、促进了当地的开发；另一方面，大量移民的到来，也刺激了边地生活需求的转变，加强了边地与内地的联系。明清时期，随着商品经济的发展，新经济因素的不断出现，为适应新的社会需求，传统意义上的城镇功能进行了各种不同形式的转型。总体上讲，防御与政治功能日益弱化，而经济功能不断提升，甚至强化。贸易线路在经济发展中所起的作用，随着商品经济的不断发展而日益增强。商於古道沿线城镇的空间形态受到驿道极大的影响。

---

① 王丽萍.试论滇藏茶马古道文化遗产廊道的构建[J].贵州民族研究，2009，29（4）：61-65.

2. 大型军事设施

万里长城是中国也是世界上修建历史最早、工程量最大的一项古代军事防御工程，自春秋时期开始，延续修筑了2000多年，主要分布于中国北部和中部，总计长度达2万多公里。除军事功能外，长城也促进了部分地区经济的发展，还在一定时期促进了地区间的商贸活动和文化交流。从秦朝开始，就有移民戍边的政策，以提高边境经济建设，这也被称为"民屯"。到汉宣帝时期，大将赵充国发明了"军屯"，明朝开始使用"商屯"，商屯更能带动中原的经济发展，古代长城设立边城、关隘和驿站，促进经济有序交往，保障商业通道安全。城镇和商业点大多布局在长城的关隘、驿站和边城附近。

哈德良长城长117.48公里，是罗马军队为了控制边境而修建的。它是在哈德良皇帝于公元122年访问英国后下令建造的。这座长城横跨英格兰北部，旨在阻挡皮克特部落，现存于英格兰北部和苏格兰。从坎布里亚的西海岸延伸到纽卡斯尔的东海岸，在罗马占领英国期间的哈德良皇帝统治时期，它被用来防御北方的入侵。现在可以看到一大片的墙，还有堡垒、炮塔、坡道、城堡和沟渠。罗马时期的许多工艺品也被发掘出来，并在沿墙的小型博物馆展出。1987年，哈德良城墙作为罗马帝国保存良好的边疆，被确立为世界文化遗产。长城旁边或附近有许多吸引游客的景点，较为常见的是罗马废墟、小博物馆、礼品店和餐馆。

3. 历史人文活动

历史上许多著名的人文活动轨迹可以看成线性旅游活动空间。或者说得益于历史上的一些人文活动，线性旅游空间得以形成，如长征、麦哲伦环球航线等。

长征：1934年10月初，国民党军向中央苏区进攻，中央红军被迫战略转移进行长征，其间共途经江西、福建、广东、湖南、广西、贵州等15个省市。翻越10座大山，跨过24条河流，走过荒草地，翻过雪山，行程约两万五千里。最终于1935年11月到达陕甘苏区，长征胜利结束。现如今，不难看出长征文化是线性分布的巨型遗产体系，长征国家文化公园的建设也将把握长征文化的全线性，打造出长征精品线路。

马可·波罗游线：马可·波罗是世界著名的旅行家、商人，1254年生于意大利威尼斯的一个商人家庭，也是旅行世家，他的父亲和叔叔都是威尼斯商人。马可·波罗17岁时随父亲、叔叔前往亚洲，他们途经波斯各地，翻越帕米尔高原，再经过喀什噶尔、鸭儿看、忽炭等地后，开始穿越令人生畏的罗布泊沙漠，历时三年多的时间后马可·波罗到达了元朝的上都，从此马可·波罗在中国待了十七年，他的足迹遍布全国。回意大利后马可·波罗因欺诈罪入狱，狱中，马可·波罗将旅行中的所见所闻讲给狱友听，鲁斯提契落是这一口述历史的记录者和写作者，震惊世界的《马可·波罗游记》以传奇的方式诞生。《马可·波罗游记》记述了他在东方最富有的国家中国的见闻，激起了欧洲人对东方人的向往，对以后新航路的开辟产生了巨大的影响，同时西方地理学家还根据书中的描述，绘制了早期的世界地图。《马可·波罗游记》共分为四卷，第一卷记载了马可·波罗诸人东游沿途见闻；第二卷记载了蒙古大汗忽必烈及其宫殿、都城、朝廷、政府、节庆、游猎等事，还有其从北京南行至杭州、福州、泉州及诸海诸洲等事；第三卷记载了越南、东印度、南印度、印度洋沿岸及诸岛屿、非洲东部；第四卷记载了君临亚洲之成吉思汗后裔诸鞑靼宗王的战争和亚洲北部。根据《马可·波罗游记》中相关记载可知，马可·波罗的旅行轨迹可以看作大型线性旅游空间的有：东游之旅：意大利—波斯各地——帕米尔高原—喀什噶尔—鸭儿看—忽炭等地—罗布泊沙漠—元朝的上都；中国之旅：北京—杭州—福州—泉州等。

麦哲伦环球航线：1519年5月，在西班牙王室支持下的葡萄牙人麦哲伦率5艘帆船和近270人组成的探险队，开始了人类历史上第一次环球旅行。1519年5月，船队从西班牙塞维利亚的桑卢卡尔—德巴拉梅达海港启航，驶进大西洋，经加那利群岛，同年11月底越过赤道，并在12月停在现在的巴西里约热内卢湾附近，给船队人员补给。1520年3月底，船队驶入圣胡利安港开始过冬和寻找食物，同年10月底船队驶入南美洲智利南部的一条水流湍急的海峡（后称麦哲伦海峡）。经28天走出海峡西口后，在风平浪静的大洋（得名太平洋）中航行了110天。1521年3月，船队经过马里亚纳群岛，到达菲律宾霍蒙洪岛，此时麦哲伦团队首次完成了人类横渡太平洋的壮举。4月，船队在当地人的带领下来到菲律宾的宿雾港，因插手当地的部落斗争，麦哲伦被当地岛民打死。5月，船队剩下的人离开宿雾岛，这时麦哲伦团队由出发时的5艘船变成了2艘船，即维多利亚号和特立尼达号。他们继续在印尼群岛一带寻找香料岛，这期间还去过巴拉望和文莱。1521年11月8日到达了香料岛（马鲁古群岛），并在蒂多雷岛停泊，买到了大量的香料。1521年11月，维多利亚号经印度洋和大西洋从西路返回西班牙。1522年5月底绕过非洲南端的好望角，同年6月再次跨越赤道，经过佛得角群岛，最终于1522年9月6日回到桑卢卡尔—德巴拉梅达海港。麦哲伦团队历时1082天，完成了人类首次环球航行，证明了地圆学说，形成了一条载入人类史册的环球旅行线路。

在欧美地区，一些国家将宗教和历史事件，依据时间线索进行文化旅游项目开发利用。例如，美国国家历史道路（Historic National Road）穿越六个州，自西向东依次包括伊利诺伊州、印第安纳州、俄亥俄州、西弗吉尼亚州、宾夕法尼亚州、马里兰州，总长度1326公里。国家历史道路目前已经成为一条世界知名的文化历史型风景道，是集全美的乡土景观、建筑风格以及建造技术为一体的"教科书"，具有道路通行、历史文化教育以及景观游憩等多种复合功能与价值。该线路以其独特的历史与文化品质，于2002年入选美国泛美风景道。美国国家风景道计划（NSBP）对国家历史道路的描述为："这条风景道是国家第一条联邦政府资助的州际高速公路，它打开了国家的西部，变成了我们珍藏的创造伟大文化多样性的移动廊道。游客能够体验一种物质的时间，包括古代的客栈、农田和村庄，这条风景道展示着国家的美丽和遗产，帮助定义独特的美国经历。"这条风景道分为四个时期展现道路本身及沿线各类建筑遗产，包括1810年前美国土著人与欧洲人移民、全盛时期、"农业与贸易"时代、"复兴"时期。建设之初就提出要建议能够追溯美国200余年历史的道路，并将沿线历史文化资源最大限度地连接并展现给游客。在道路的建设中，注意在事故高发段增设变速车道及转弯车道，在拥挤路段增加宽度以适应流量。由于桥梁多遗留自历史时期，出于安全的考虑，专门减弱了交通功能，而加强了旅游功能，强化道路的历史文化特征。在服务设施方面，建有服务区、营地设施、其他餐饮住宿设施以及汽车服务接待设施，大部分源于历史时期建筑改造，商业服务机构被改造成小商店和连锁餐馆服务于当地的游客。在解说系统方面，建有解说标志、游客中心、博物馆、展览馆等。

4. 运河等其他工程设施

历史上的许多设施呈线性分布，像运河、铁路等。虽然这些设施最初的修建目的绝不单是旅游，但这些设施在修建之后所累积的文化内容和串联的自然风光为人类依托此类设施进行旅游活动提供了可能，很多都发展成为大型线性旅游吸引物。较为典型的例子包括京杭大运河、法国米迪运河、大吉岭喜马拉雅铁路等。

京杭大运河是世界上里程最长、工程量最大、最古老的人工运河,始建于2000多年前的春秋时期,全线贯通于隋代,发展于唐宋,于元代成为沟通了海河、黄河、淮河、长江、钱塘江五大水系、纵贯南北的水上交通要道。悠久的历史孕育了众多运河城市,这些城市随着运河经济的发展而逐渐繁荣起来(表3-1)。同时,运河也成为城市选址的重要因素。在我国古代,城市必须以"通川之道"为条件。通州、天津、德州城址的选择过程,与金、元两代海运、水陆兼运有密切的关系。京杭大运河历史的更迭积累了厚重而灿烂的运河文化,包括科学技术、文学艺术、建筑艺术、工艺美术、风情习俗、饮食文化、遗物遗迹等;从地域角度来看,运河文化包括吴越文化、荆楚文化、齐鲁文化、秦晋文化、燕赵文化等。其中,漕运文化与城市文化是运河文化的集中体现,但就其本质而言,运河文化是一种商业文化。因河而商,因河兴市,人口也逐渐集中到运河沿线来,各行业逐渐繁荣,城市经济得以发展[①]。

表3-1 不同时期大运河沿线代表城市

朝代	沿线代表城市										
先秦至南北朝	开封	洛阳	吴大城	安阳	陶	蓟					
隋唐五代	汴州	杭州	扬州	常州	苏州	幽州					
两宋	汴京	临安	扬州	常州	苏州	北关镇	临平镇				

---

① 汪芳,廉华.线型旅游空间研究——以京杭大运河为例[J].华中建筑,2007(8):108-112.

续表

朝代	沿线代表城市										
元	大都	济宁	扬州	杭州	苏州						
明清	北京	杭州	扬州	常州	苏州	无锡	镇江	淮安	天津	多个小城镇迅速发展	
鸦片战争至辛亥革命	杭州	湖州	常州	苏州	镇江						
中华人民共和国	北京	天津	德州	济宁	枣庄	徐州	淮安	扬州	镇江	常州	无锡	苏州	湖州	嘉兴	杭州

法国米迪运河（Canal du Midi），又称双海运河（Canal des Deux-Mers），始建于1667年，总长360公里，地处欧洲大陆阿尔卑斯山与西班牙高原间的地峡。它的成功修建，连通了地中海与大西洋两岸，被称为工业时代土木工程建筑领域最杰出的成就之一，是世界上第一条修建隧道的人工运河，也是全球首条列入联合国教科文组织《世界遗产名录》的运河。该运河主要发挥交通运输和农业灌溉的功能，直至19世纪，该河道被逐渐废弃，如今则变成遗产教育和旅游观光的旅游胜地，并为民众的运动健身提供空间[①]。作为现今法国最热门的旅游景点之一，米迪运河工程包括船闸、沟渠、桥梁和隧道等328个建筑，其沿岸分布着众多的历史遗址遗迹，例如：中世纪的小镇、文艺复兴时期的教堂、远古时期的洞穴遗址、特色古老的葡萄酒庄园等。法国政府主张开发运河要坚持"线性遗产"和"景观遗产"协同发展，即大力开发运河附近的旅游景观，使之与线性遗产配套，致力于将米迪运河打造成为"点线相连"和"线面成网"的旅游胜地。

大吉岭喜马拉雅铁路：1878年以前，由西里古里地区运往大吉岭的原

---

① 马千里.融入当代生活的法国米迪运河[N].中国社会科学报，2021-05-24（006）.

料是用牛车、"轿子"等原始工具来搬运的。出于在大吉岭和周围的平原地区之间用铁路运输代替牛车运输会大大缩减运输成本的考虑（修建此铁路也有为英国的旅游者提供便利的考量），富兰克林·蒲里斯塔格投资且承担了东孟加拉铁路公司大吉岭段的筑路任务，且成立了大吉岭蒸汽火车公司。1880年8月23日，西里古里至格尔西扬段铁路开通；1881年2月2日，格尔西扬至索纳达段铁路开通；1881年7月4日，索纳达至大吉岭段铁路开通。1881年9月15日，大吉岭蒸汽火车公司更名为大吉岭喜马拉雅铁路公司。1999年，这条铁路被联合国教科文组织列入世界文化遗产名录。在联合国教科文组织世界遗产名录网站上，这条铁路被形容为用大胆创新的施工方式，解决了穿越蜿蜒崎岖的山岭及自然风景区建立高效铁路的问题，同时充分保留了该地区原有自然风貌的完整。大吉岭喜马拉雅铁路是交通运输系统的革新，是推动多文化地区社会经济发展的典范，是世界许多类似发展地区值得借鉴的模式。大吉岭喜马拉雅铁路成为大型线性旅游空间的成因在于：旅游需求及降低交通成本的考量刺激了大吉岭喜马拉雅铁路的建立，铁路本身作为一种交通运输工具，承载着大量的旅客，加之铁路具有大胆创新等特色被列为世界遗产，使更多游客慕名而来，为铁路沿线尤其是各个站点带来了庞大的客流量，提供了食、住等商机，带动了相关旅游产业的发展集聚。

三、其他人文活动或设施

1. 近现代交通设施

近现代交通连接的文化与景观带、现代工程、近现代活动等也是大型线性旅游活动空间得以产生的重要成因。大型线性旅游空间往往也会基于现代交通连接的文化与景观带形成，例如美国国家风景道（蓝岭风景道、北岸驾车道等），中国318国道、青藏铁路（公路）、京新高速等交通道路沿线形成旅游线路。

美国国家风景道之蓝岭风景道：美国作为风景道的起源地，最早建立了完善的国家风景道体系。1930年，美国首次提出了风景道概念并修建了蓝岭风景道——美国最受欢迎的风景道之一，位于阿巴拉契亚山脉南部，北端始自仙纳度国家公园，南端结束于大烟山国家公园，穿过了弗吉尼亚州和北卡罗来纳两个州，横跨4条大的河流、100多个山坳和6条山脉，为双向车道，全程755公里。蓝岭风景道沿线目之所及皆风景，不仅拥有山脉、河谷、河流、农田、牧场等美丽的自然风光，还串联起了诸多的文化景点，如蓝岭音乐中心、具有百年历史的老磨坊"马布里—米尔"、保留20世纪30年代建筑风格的约翰逊农场，以及极具文化底蕴的小镇：弗吉尼亚州的弗洛伊德和北卡罗来纳州的阿什维尔等。蓝岭风景道设计之初单纯为了旅游休闲，对于广告、交通灯、驾车时速有一定量的限制。风景道沿线有200多个停车点，沿着风景道人们可以进行远足、野营、垂钓、野餐等活动，大型线性旅游空间基于蓝岭风景道所串联的自然文化景观加之旅游者的参与得以形成。

美国国家风景道之北岸驾车道：自蓝岭风景道修建之后，风景道在欧美逐渐流行起来，人们有意识地修建更多的风景道，这也意味着更多的线性旅游空间的诞生。其中较著名的有美国的北岸驾车道，又被誉为全美风景大道。美国北岸驾车道全长240公里，沿着崎岖的苏必利尔湖湖岸线而建，涵盖森林、荒野溪流和瀑布等诸多自然景观。较为出名的有醋栗瀑布（Gooseberry Falls）、栅栏头（Palisade Head）——苏必利尔湖的一处经典打卡景点，从这里可以俯瞰苏必利尔湖秀丽的美景。继续向北可抵达卢森（Lutsen）——提供山地车、高山滑梯等户外活动。

中国318国道：318国道又名为国道318线、G318线、沪聂线，起于上海市黄浦区人民广场，终点为日喀则市聂拉木县中尼友谊桥，连接了上海、江苏、浙江、安徽、湖北、重庆、四川、西藏八个省份，全程5476公里，是中国最长的国道。该国道基本上是沿北纬30度而前行的，横跨了中国东、中、西部，既包括平原、丘陵、盆地、山地、高原等丰富的自然景观，又蕴含着江浙水乡、天府盆地、西藏等诸多文化景观。各省份著名旅游景点因318国道串联起来，吸引了徒步朝圣者、单车骑行者、各类机动车驾驶者等，成就了中国人的景观大道。

青藏公路与青藏铁路：青藏公路东起于青海西宁市，西止于西藏拉萨市，是世界上海拔最高、线路最长的柏油公路，也是目前通往西藏里程较短、路况最好且最安全的公路。公路将草原、盐湖、戈壁、高山、荒漠等大气磅礴而又丰富的景观串联起来。沿青藏公路，游客可以看到日月山、青海湖、格尔木、昆仑山口、可可西里、长江源、唐古拉山口、安多草原、羌塘草原、那曲、当雄、羊八井等地的风光。青藏铁路起于青海西宁，途经格尔木、安多、那曲、当雄、羊八井等城市，止于拉萨，全长1956公里，是世界上海拔最高、里程最长的高原铁路。青藏铁路是登达旅游天堂的天梯，铁路沿线集聚着独特性强、优势突出的旅游资源，沿线分布有湟源峡、日月山、青海湖、鸟岛、原子城、柴达木盆地、盐湖、雅丹地貌、昆仑山、可可西里、长江源、唐古拉山、羊卓雍错、羌塘草原、羊八井、纳木错等景观，其组合而成的旅游线路在世界上具有很强的独特性。基于青藏铁路形成的大型旅游空间具有极高的品牌知名度，既有整体品牌，又有单项品牌——藏传佛教、长江之源、昆仑文化、可可西里、青海湖、藏羚羊、冬虫夏草等，这些青藏地区独有的民族文化和自然景观对国内外游客具有很强的吸引力。

京新高速：京新高速是指连接乌鲁木齐的高速公路，是国家进行西部大开发的重要交通要道。该公路途经北京、张家口、乌兰察布、呼和浩特、包头、巴彦淖尔、阿拉善、酒泉、哈密、吐鲁番、乌鲁木齐等城市，公路沿线聚集较多的风景名胜，如位于张家口的大境门长城、草原天路、坝上梯田、鸡鸣驿，位于呼和浩特的大昭寺，位于阿拉善盟的巴丹吉林沙漠和黑城遗址，位于酒泉的玉门关遗址、莫高窟、雅丹地貌，位于哈密市的巴里坤草原风景区，位于吐鲁番的火焰山，位于乌鲁木齐市的天山天池。

2. 近现代人文活动

比较著名的有环法自行车赛线路——知名的年度多阶段公路自行车运动赛事，主要在法国举办，往往是由法国各地的旅游部门为自行车爱好者设计规划，经环法赛组委会审批而形成，其完整赛段每年不一，涉及平原赛段、中等山地赛段、高山赛段。设计线路之初即考虑到融入法国较为精华的地段，实现自然风光、体育竞技、丰厚的文化底蕴的完美融合。可以说大赛本身是基于旅游资源进行的一项赛事活动，是体育旅游的一种表现形式，自行车赛事品牌的推广同时也是对涉赛线路所在地旅游的宣传，环状线路促进了环状线性旅游空间的形成。

3. 其他现代工程与设施

南水北调中线工程，是将长江最大支流汉江中上游的丹江口水库之水通过沿线挖建渠道的方式，调至河南、河北、北京、天津四省市的一项工程。该工程干渠总长达1227公里，重点为北京、天津、石家庄、郑州等20多座大中城市及131个县或城区供应生活用水、工业用水兼顾农业用水和生态环境用水。南水北调工程中的渠首工程、沙河渡槽、穿黄工程、焦作城区段工程和穿漳工程等重点景观与沿线的历史文化资源有机整合势必形成南水北调沿线精品旅游和生态文化旅游产业带，为游客提供一条大的旅游长廊。现如今，北京、天津对丹江口和南阳等地的大力对口支援，形成了商务客流通道，未来北方人饮水思源的情结可能会促使南水北调沿线其他相关线路的诞生。

第四章 大型线性旅游空间的相关特征、机制与发展策略

一、旅游者活动特征与机制

1. 旅游者空间活动的强度和范围

旅游者在空间上的移动首先表现出距离衰减规律——旅游意愿或出游量与目的地（或吸引物）的吸引力及客源地规模成正比，与客源地到目的地的距离成反比。学者们经常运用来源于物理学的"引力模型"表述这种衰减的原因。引力模型可表述为：

$$T_{ij} = G \frac{P_i A_j}{D_{ij}^b}$$

在实际情况中，距离衰减规律的表现要更为复杂。距离衰减规律是认识旅游现象空间特征的重要基础，旅游者的空间行为模式、旅游市场的空间结构、区域旅游业的空间结构均受到这一规律的影响。等游圈（线）是描述旅游者群体空间行为特征的简明方式。根据出游率随距离增加而减少的距离衰减规律，对同一客源市场（即旅游者群体），在空间上将出游率值为同一数值的点连接起来，所得到的一条曲线即等游线。

实际上，旅游者空间移动的成本（或者说障碍）不仅是空间距离，它

至少包括了经济成本、时间成本，以及心理（文化、政策、政治、生活习惯等）成本等多个方面。换言之，要进行大尺度范围的旅游活动，就需要克服上述成本所造成的障碍。

经济成本表现为随着距离增加而导致出行费用增加。时间成本是旅游活动所需要付出的时间，它在很大程度上制约了普通人的旅游活动。现代社会的休假时间普遍增加，为人们的旅游活动提供了时间上的条件。我国设立"黄金周"在很大程度上就是为了通过增加连续的假日促进旅游消费。时间成本与经济成本是紧密联系又有所不同的两个因素，对于不同的旅游者，时间成本和经济成本对旅游活动影响的权重不同。随着人们收入水平的提高，时间成本成为越来越重要的考虑因素，乘坐飞机、高速铁路以及自驾车等费用较高但节省时间的旅行方式在最近几年内迅速成为大众旅游的选择，这也极大地改变了旅游客流的走向和旅游目的地的发展格局。

2. 不同空间尺度的旅游活动路径模式

旅游者在不同性质的旅游活动中所表现出的空间行为模式是有差别的，其中"空间尺度"是一种重要的"不同性质"。可以想见，旅游者在城市周边的活动如城郊休闲和乡村旅游，与旅游者到达距离遥远的城市或国家的旅游活动，其空间路径和行为模式必然有显著区别。保继刚等[1]将旅游者的空间行为划分为三个尺度：大尺度空间，涉及省际旅游、国际旅游等；中尺度空间，涉及省内和地市内旅游；小尺度空间，涉及县市内或景区内旅游。他们提出，游客在大尺度空间旅游时，倾向于选择级别较高

---

[1] 保继刚，楚义芳.旅游地理学［M］.北京：高等教育出版社，1999：42-44.

的旅游点，并且尽可能游玩更多的高级别景点，同时力图采用环状线路；游客在中小尺度空间旅游时，倾向于采用结点状线路，有时宁可走一些回头路也要尽可能避免在外住宿（见表4-1）。Lundgren（1984）提出了四种旅游流模式，即城市对流模式、城市及周围辐射模式、城市农村辐射模式、边远旅游地辐射模式等，也从侧面说明了旅游空间尺度对于考察线路模式的重要性。

表4-1 不同空间尺度的旅游活动路径模式特征

旅游活动空间尺度	大尺度		中尺度	小尺度	
空间移动距离	洲际尺度＞1000公里	国际（大国的跨省、州）尺度500~1000公里	省、州内（大国）旅游100~500公里	城市尺度10~150公里	微观尺度（景区尺度）＜10公里
空间路径模式	环线式	直达式、环线式	直达式、链环式等	辐射式	漫游式
旅游活动类型举例	中国居民赴欧洲多国旅游、国际游客赴中国旅游	中国居民赴日韩团队旅游、自助度假，北京居民赴上海旅游	北京居民到北戴河旅游、武汉居民到宜昌旅游	北京居民到周边休闲、度假、观光	景区游览、城市居民到城市街区休闲
交通工具选择	飞机	飞机、高速铁路	自驾车、高速铁路、旅游巴士	自驾车、旅游巴士	自驾车、步行、景区内部交通

Campbell[①]认为，从一个中心城市出发的游客有多个目的地时，旅游者形成的旅游线路总趋向于一个闭合回路。据此，按照目的地类型的差异性，描绘了游憩与度假旅行模型。该模型将目的地类型分为大城市周边地区的放射状扩散游憩设施、区域性非线性度假群组以及沿公路分

---

① Campbell C K, An approach to research in recreational geography [J]. In B. C. Occasional Papers NO. 7, Department of Giography, University of British Columbia, Vancouver., 1967: 85-90.

布的零星度假服务基地三种,进而提出出游旅行的路径模式,包括度假路径、游憩性度假路径以及游憩路径三种具有一定等级的差异空间结构(见图4-1)。

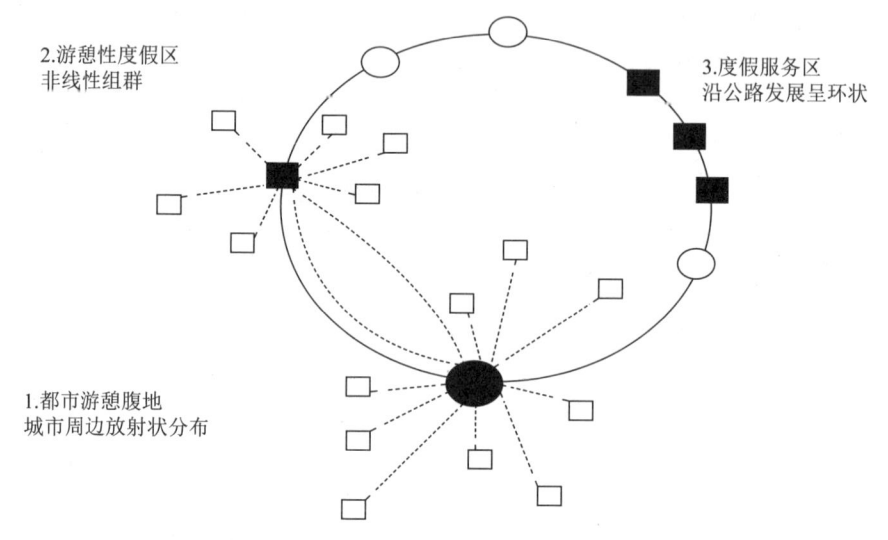

图4-1 Campbell 的游憩与度假旅行路径模型

Stewart 和 Vogt[①]在多目的地旅行模式的概念模型基础上,以到访美国密苏里州 Branson 旅游区游客的问卷式日记数据为基础,构造了五种类型的旅行线路模式,即区域游模式、旅行链模式、单目的地模式、中途模式和营区基地模式(见图4-2)。

---

① Stewart S I, Vogt C A. Multi‐destination Trip Patterns[J].Annals of Tourism Research, 1997, 24(2): 458-461.

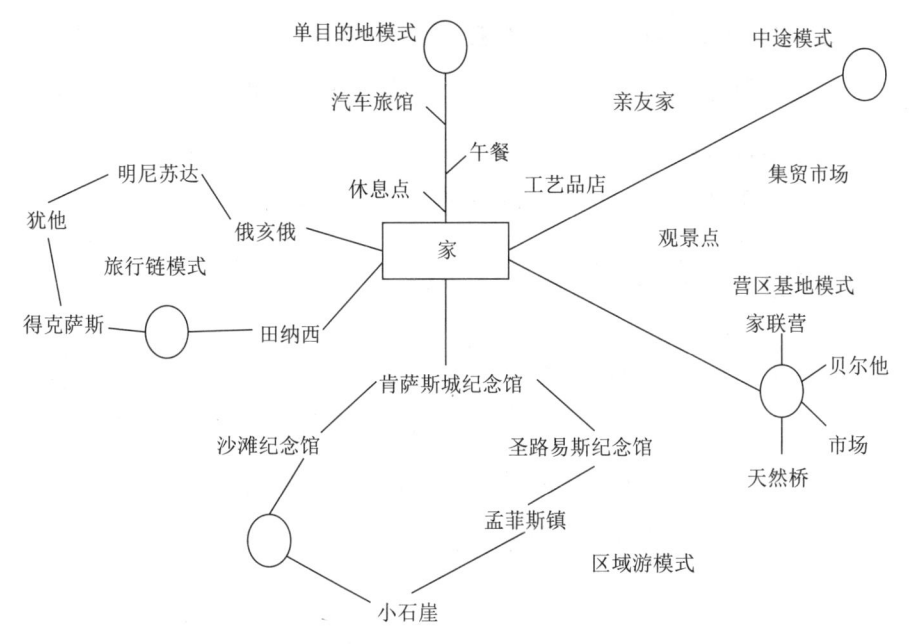

图 4-2 Stewart-Vogt 的多目的地旅行模型

楚义芳又提出了周游型和逗留型两分的分析框架。楚义芳[①]提出，根据旅游者行为和意愿的特性，旅游线路大致可分为周游型和逗留型两类。周游型线路的特点在于旅游目的是观赏，线路中包括多个旅游目的地，同一位旅游者重复利用同一条线路的可能性小。逗留型线路的特点是线路中包含的旅游目的地数量相对较少，旅游的目的多是度假性质的，同一旅游者重复利用同一线路的可能性大。无论是周游型或逗留型旅游者，其具体的行为属性都属于成本费用、时间、距离最小化行为或非成本最小化行为，即单纯地满足最大化行为。

旅游者在大尺度空间上的行动，又受到交通条件的制约和影响。

---

① 楚义芳.关于旅游线路设计的初步研究［J］.旅游学刊，1992（2）．

Lundgren[①]认为，随着旅游业规模扩大和交通设备及技术的进步，客源地与目的地之间的交通线路以及旅行模式不断演进，据此，Lundgren将演进过程中的旅行模式分为普通列车旅行模式、特快列车旅行模式、早期汽车旅行模式、现代汽车旅行模式和航空旅行模式五种类型。

3. 大空间尺度旅游活动的特征与规律

一次大空间尺度的旅游活动，具有成本较高、决策慎重的特点，其在空间行为上展现出的特征和规律，均基于一项最基本的理性人假设——即游客总是试图以尽可能少的旅游成本获取尽可能多的旅游收益。在这一"原则"的指引下，旅游者的行为又通常表现出以下一些具体特点。

（1）级别遴选规律

所谓级别遴选规律，是指旅游者在一次旅游机会中总是倾向于游玩更高级别的旅游景区或产品。由于人们能够支付的旅游成本是有限的，或者说旅游的机会是有限的，因此人们总是力图利用好旅游机会，游玩更高级别的景区，相应地也要放弃一些低级别的景区。有几种具体例子可以说明人们的这种行为特征：首次到北京的游客通常会选择到故宫（及天安门）和长城等最为知名的世界遗产景区游览，颐和园、十三陵、天坛、奥林匹克公园（鸟巢）等也是选择人数较多的景区。有多次机会到北京旅游或者经常来往北京的商务游客则会选择一些"不太知名"的其他景区，选择一些自己喜欢的专项产品（如南锣鼓巷、簋街），更深地走进地方文化，更接近本地居民的休闲选择。很少会有游客重复游览故宫和长城之类的景区。北京本地居民由于机会更多，能够在遍览北京的世界遗产之后，进一

---

① Lundgren J O J. The Development of Tourist Travel System：A Metropolitan Economic Hegemony Par Excellence [J]. Jahrgang：Jahrbuch fur Fremdenverkegr，1972.

步游览国家级的重要景区如国家博物馆、中国科技馆、香山、798艺术区等，以及一些只在北京地区知名的景区如雁栖湖、黑龙潭等。一些北京居民由于认为机会还很多，甚至都没有去过长城和故宫，这与外地初到北京的游客的心态截然不同。中国居民出境旅游也有这样的特征，例如初次到欧洲或很少有机会出国的游客，往往选择多国串联的游览方式，希望在很短的时间内走到尽可能多的国家、城市以及所在地方的标志性景区，如埃菲尔铁塔、科隆大教堂、大本钟、罗马大角斗场等。而再次赴欧洲旅游或有机会多次往返欧洲的游客通常不会再选择这类走马观花式的行程，而会根据自己的需求进行更加"深度"的旅游。

游客进行景区的级别遴选时，有两个重要的影响因素，一是旅游的资源或机会，二是旅游的空间尺度。其中，第二个因素也与第一个因素直接相关。游客的旅游资源或机会越少，旅游的空间尺度越大，则选择的景区级别越高，反之越低。

（2）环线规律

环线原则是旅游活动中最为简单而突出的空间特征，这符合以尽可能少的旅游成本获取尽可能多的旅游收益的基本原则。旅游线路中走"回头路"是一种线路安排的大忌，游客会认为支付了一段没有旅游收益的旅行成本。对于中远途旅行来说，在目的地区域内安排一个环线，或者"一进一出"两个口岸是较为合理和常见的。例如，凯撒国旅官网推出的法国旅游线路中，以巴黎为进出口岸，在法国走一个环线；或者以巴黎为进入（或离开）口岸，以马德里、罗马等其他城市为离开（或进入）口岸，呈线状分布，与国内航线之间构成一个大环线。这是两类最常见的团队旅游线路形态。如前所述，对于多次旅行的成熟游客，"点对点"式的目的地选择也是常见的。

(3）景区的屏蔽与附加规律

同类型的景区之间有竞争关系，一般情况下，最高级的景区会屏蔽次要景区。例如，山东曲阜的"三孔"会屏蔽邹城的"三孟"，不仅旅游接待指标相差巨大，甚至连知道邹城的人都很少，这与孟子的"亚圣"地位有些不符。到西藏的游客最常到访的寺庙是大昭寺，扎什伦布寺和哲蚌寺的游客会少很多，而普通游客在有限的机会里到达色拉寺、桑耶寺、直贡梯寺、萨迦寺、白居寺等寺庙的就很少了，尽管它们都具有重要地位且特色不同。对于国际游客来说，看完北京故宫的极少会再去沈阳故宫，游览"江南六镇"后很少会深入其他江南古村镇中去。

出于"行游比"的考虑，对于中远途游客，他们在目的地停留的时间一般较长，如果有具有一定差异性的高质量的"附加"吸引物，也容易得到游客的青睐。一些目的地新开发出的高质量景区或产品，如九寨沟附近的黄龙，张家界武陵源景区之后的天门山景区（武陵源是传统观光景区，天门山以巨型观光索道、极限运动、《天门狐仙》旅游演艺为特色），以及一些知名景区开发的夜间演出项目（如桂林的《印象·刘三姐》、登封的《山林禅宗音乐大典》等），虽然都增加了游客的旅游成本，但在游客的"行游比"考虑中，均属于边际效益大于边际成本的情况。

（4）目的地空间范围规律

游客在旅游行程中附加一些景区或目的地，获得的旅游收益的提高是以旅游成本的提高为代价的，也就是说这种附加不能突破某种限度。例如，随着国内居民收入的提高和旅游行为的成熟，走马观花式的密集行程越来越不受欢迎，因为景点过多会降低体验的深度。

又由于高质量景区分布的空间不均，随着景区的增加，行程将突破最为紧凑合理的空间范围，使旅游的边际成本显著增加。例如，到西藏旅游的游客，行程多集中于拉萨附近，距离拉萨往返一日范围内的纳木错、羊卓雍错、山南市等也容易被游客接受，而阿里地区、昌都市、那曲市，甚至日喀则市等由于行程较远，游客往往不容易接受。云南地区在丽江等机场和高速公路建成之后，很好地促进了目的地空间格局的扩大。

随着目的地空间范围的扩大，目的地内部的交通行程与往返客源地和目的地之间的路程逐步接近，实际上相当于两次旅游。例如，一般旅行社针对北京市场提供的国内团队旅游产品，游线往往涉及3~5个主要的城市，较远的行程（1000公里以上）往往会涉及两个以上省份，旅游线路一般住宿3~5晚，一次旅行活动的范围总在一个大区之内（中国东北、华北、华中、华东、华南、西北、西南），例外情况极少。

二、目的地空间拓展机制

1. 产业与基础设施延展

地中海沿岸的案例：地中海位于欧、亚、非三大洲之间，其北岸有西班牙、意大利、法国、希腊等9个欧洲国家，东南部有土耳其、以色列等5个亚洲国家和地区，南部有摩洛哥、阿尔及利亚等5个非洲国家，还有马耳他和塞浦路斯两个岛国（欧洲的旅游发展要强于西亚和北非）。属于典型的地中海气候的地中海沿岸，夏季炎热干燥，冬季温暖湿润，气候条件十分优越。海岸线漫长曲折，滨海旅游资源较为丰富。沿岸国家历史悠久，文物古迹众多，是欧洲历史与文化的交接点。19世纪英国、美国和法国等国家的贵族相继聚集在此，在这些贵族所在的社会阶层的休闲需求刺激下，当地旅游业得以发展——较多的别墅、旅馆，供富人娱乐的赌场等在这里建起，休闲旅游地产业（其中法国南部和意大利的那不勒斯最为盛行）由此初具雏形。20世纪初，地中海沿岸的旅游地产商继续在此修建大量的海滨别墅，以欧洲、北美的贵族、富商为代表的更多旅游者于此度假。一时间地中海沿岸成了欧洲的度假中心，旅游地产业于此聚集。

佛罗里达州的案例：佛罗里达州地处北纬24~30°，位于美国最南部，东濒大西洋，西临墨西哥湾，与中美洲西印度群岛隔海相望，其空间狭长，北有塔拉哈西、杰克逊维拉等大城市，南有迈阿密，再南有古巴等，地理位置较为优越。该州气候为亚热带湿润气候，全年平均气温在21℃左右，冬季平均气温16~23℃，相对于美国北方，冬季温暖，气候适宜，又名阳光州。佛罗里达州海岸资源丰富，其中海岸线总长2900公里，沙滩总长1930公里。此外，佛罗里达州河湖众多，森林茂密，环境优美，旅游资源丰富；交通基础设施完善，地区接待能力强。得天独厚的自然条件和完善的人工设施为佛罗里达州发展旅游提供了重要条件。伴随美国工业化进程，美国人均收入水平显著提升，且多次实现了跨越式发展，在工业化后期实现了第一次跨越：人均GDP达到6000美元，在工业化后期实现了第二次跨越：人均GDP越过10000美元，在后工业化成熟时期实现了第三次跨越：人均GDP达到27000美元……与此同时，佛罗里达州的人口也实现了稳步上升。美国的工业化浪潮为佛罗里达州带来了广阔的消费空间，旅游需求大量产生，佛罗里达州的旅游业得以发展。约1870年后美国北方居民为了享受佛罗里达州的美丽景色和气候，开始到佛罗里达州旅游，当地旅游业得以起步。20世纪初，美国中产阶级兴起，中产阶级的旅游需求刺激了当地旅游度假的快速发展，旅游产业以及旅馆业得到了州政府的高度重视。1920年前后，旅游业成为当地主导产业。1936年开始建设了第一个主题公园。随着游客旅游需求的多样化以及需求层次的提高，

第四章　大型线性旅游空间的相关特征、机制与发展策略

1960年佛罗里达州加大了对州内创意景点的开发力度，一大批主题公园应运而生，旅游业的产品体系得以显著提升。在州内的北、中、南部分别形成了三大主题公园聚集区。其中北部滨海地区以怀旧纪念主题为主，包括西班牙村落、老火车观光、老佛罗里达博物馆等主题公园；中部是以奥兰多为核心的探险、文化、娱乐主题公园聚集区，有迪士尼、环球影城、海洋世界、"主题公园之都"等；南部为滨水主题，包括迈阿密水世界、珊瑚城、皇后岛巡游等。

渤海西岸之"北戴河—南戴河"的案例：北戴河度假历史较久，自晚清时起，有100多年的历史，市场发展后，规模进一步扩大，同时进行了分化，北戴河从疗养院模式发展至度假区模式，部分地区发展出一些受年青一代欢迎的小型度假产品、普通工薪阶层的度假产品、商务型豪华型的度假设施如酒店、游艇、游乐场等，以及现在的旅游地产等投资型度假设施。南戴河位于秦皇岛市抚宁区（现托管于北戴河新区），东起戴河口，西至抚宁区与昌黎县交界处，海岸线长17.5公里，东北隔戴河与避暑胜地北戴河海滨毗邻相望，一桥相连，距北戴河火车站6公里，距秦皇岛港20公里，距山海关机场35公里，距102国道16公里。滩宽和缓，潮汐平稳，水温适度；海底沙细柔软，无礁石碎块，无污泥烂草；海水清澈透明，无污染。优越的地理位置以及丰富的自然资源为发展旅游业创造了良好的条件。1984年，受改革开放的大潮影响，抚宁县委县政府意识到在抓好农林工贸的同时要充分发掘大海的潜力，让大海造福当地人民，本着"以休疗为主，以旅游为辅，为北戴河分流"的主导思想确定开发南戴河。而后，休疗旅游区、旅游度假区、商业娱乐游乐区等进行了如火如荼地建设，吸引了较多游客来此旅游。随着旅游者需求层次的转型升级，南戴河旅游度假产品需要得到迫切提高。为了满足来自京津等地高层次消费的需求，一

批高质量的度假公寓（南戴河宾馆、蓝色海岸公寓等）、娱乐项目、休闲场地得以建立。现如今南戴河有天马广场、仙螺岛、南戴河国际娱乐中心等主要景点。

渤海西岸以北戴河为中心，向东北—西南两侧渐次展开为黄金海岸、山海关、东戴河、乐亭。黄金海岸，著名旅游风景区之一，位于河北省秦皇岛市昌黎县，海岸线全长约52.1公里。此地沙细、滩软、水清、潮平，可供旅游者进行滑沙阳光浴、沙浴、游艇戏水等活动。山海关古称榆关，又名渝关、临闾关，位于河北省东北部，是连接东北与华北的咽喉要道。作为国家级历史名城，山海关风光绮丽，名胜古迹荟萃。境内历史文化遗存众多，山、海、关、城、楼、湖、海、洞、庙种类齐全，有老龙头、天下第一关、角山、燕赛湖、孟姜女庙、望峪山等著名景点。东戴河位于辽宁省葫芦岛市绥中县，距秦皇岛市山海关区仅有七公里。其交通网络四通八达，快捷多样的交通方式吸引了诸多游客纷至沓来。东戴河的主要旅游景点有：原生态海滩和优质浴场、碣石大遗址公园、秦始皇行宫群遗址等。乐亭，即乐亭县，位于河北省唐山市东南部。东隔滦河与昌黎相邻，西与滦南、曹妃甸接壤，东南濒临渤海西岸。有李大钊故居、李大钊纪念馆、唐山湾国际旅游岛等诸多风景名胜。黄金海岸、山海关、东戴河、乐亭均位于渤海西岸一带，优质的沙滩资源是其共性。游客出于对蓝色旅游的相似需求，在黄金海岸、山海关、东戴河、乐亭一带参观、度假，促进了"黄金海岸—山海关—东戴河—乐亭"旅游带的形成。

海南南部海岸线。海南，是中国第二大岛屿，同时管辖中国南海海域，位于中国华南地区，北以琼州海峡与广东划界，西临北部湾与广西、越南相对，东濒南海与台湾对望，东南和南部在南海与菲律宾、文莱、马来西亚为邻。海南属热带季风气候，全年暖热，雨量充沛。海南旅游资源丰富，极富特色，海岸带景观、海岛、珍禽异兽、火山、革命纪念地等都有独特的旅游观光价值。游客进行海南旅游时往往有东线（海口—文昌—博鳌—万宁—陵水—三亚）、西线（海口—临高—儋州—昌江—东方—莺歌海—三亚）、中线（海口—屯昌—琼中—五指山—三亚）等线路可以选择。东线、西线、中线首尾相连（海口、三亚）构成了海南三亚环岛型线性旅游空间。东线沿途景点较多，集中了海南椰风海韵的精华，荟萃了海南的人文胜迹，旅游开发设施较为完善，目前是车友选择较多、发展较为成熟的一条线。西线相对东线来说开发较晚，基础设施略显不足，但是正因如此，原始的自然环境在这里得以较好地保存，符合小众旅游者的喜好。海南西环铁路和东环铁路将诸多旅游目的地串联，为游客的出行提供便利，为海南环岛旅游产业的集聚提供交通条件。此外，2023年海南环岛公路的建成也将加速海南环岛旅游产业的集聚、走向成熟。

2. 旅游流驱动

狭义的旅游流是指旅游者的流动，具体是指在特定区域上由于旅游需求的近似性而引起的旅游者集体性空间移位。广义的旅游流是指客源地与目的地之间或目的地与目的地之间的单向、双向旅游客流、信息流、资金流、物质流、能量流和文化流的集合。本章节所指的旅游流是狭义的旅游流即旅游者的流动。受旅游流的影响，美国东北滨海（尼亚加拉—波士顿—纽约、华盛顿—费城）、中国沪宁间、沪杭间、京西南十渡到野三坡形成了大型线性旅游空间。

美国东北滨海之尼亚加拉—波士顿—纽约的案例：尼亚加拉—波士顿—纽约是美国东北滨海较为经典的旅游线路。尼亚加拉是尼亚加拉瀑布城的简称，位于加拿大安大略省和美国纽约州的交界处。城内的尼亚加拉瀑布是美洲大陆的奇景之一,也是世界七大奇景之一。位于两国的尼亚加拉瀑布各有看点,美国一方的游客往往被瀑布磅礴的气势和浩瀚的水汽所震撼。波士顿是美国东北部的新英格地区的最大城市,位于美国东北部大西洋沿岸,创建于1630年,是美国最古老、最有文化价值的城市之一。美国历史上发生的波士顿倾茶事件,最终引发著名的美国独立战争。著名旅游地点有自由之路、公园街教堂、老北教堂、法尼尔厅、波士顿图书馆等。纽约位于美国大西洋海岸的东北部,是一座世界级城市,影响着全球的经济、金融、媒体、政治、教育、娱乐与时尚界,被认为是世界外交和文化的重要中心。百老汇、自由女神像、大都会博物馆、哥伦比亚大学、纽约市立大学等构成了纽约市重要的旅游景点。尼亚加拉—波士顿—纽约是某些旅游网站上售卖的美国经典三日游线路,为游客提供了旅游线路的选择,促进了尼亚加拉—波士顿—纽约三个城市间的游客的整体性流动,对该地域旅游带的形成起到了促进作用。

美国东北滨海之华盛顿—费城:华盛顿哥伦比亚特区现为美国首都,是美国重要的政治中心。它位于美国东北部,地处马里兰州和弗吉尼亚州之间的波托马克河与阿纳卡斯蒂亚河汇流处。其人文景观众多,如国会大厦、白宫、华盛顿纪念碑、杰斐逊纪念堂、林肯纪念堂、富兰克林·罗斯福纪念碑、国家第二次世界大战纪念碑、朝鲜战争老兵纪念碑、越南战争老兵纪念碑、哥伦比亚特区第一次世界大战纪念碑和爱因斯坦纪念碑。费城曾是美国首都,被誉为美国革命的摇篮,是美国的建国之城和美国重要的爱国主义教育基地,位于宾夕法尼亚州东南部特拉华河谷,特拉华河与斯库基尔河的交汇处。可以说,费城的发展史就是一部美国的发展史:《独立宣言》在此签署,第一次和第二次大陆会议在此召开,第一部宪法在此制定。此外,费城还建立了美国第一家银行和第一个证券交易所,第一所非英国式大学,第一座动物园,等等。费城的历史文化遗产和旅游资源相当丰富,大致可以分为城东老城区、独立纪念馆景区、南城文化、体育、表演艺术区、西北城博物馆区以及西部大学城。基于对美国历史文化的浓厚兴趣,许多游客在费城和华盛顿两座城市进行深度游览观光,促使旅游者在费城和华盛顿两座城市之间的集体性空间位移,促成了华盛顿—费城这一旅游经典线路。

沪宁间(南京—镇江—苏锡常—上海):大量游客对城市等主题旅游的需求以及沪宁间便利的交通促成了沪宁旅游带的形成。南京、镇江、苏州、无锡、常州、上海同为国家级历史文化名城,城市内云集了诸多国家级风景名胜区且城际交通十分便利。其中南京是中华文明的重要发祥地之一,有7000多年文明史、近2600年建城史和近500年的建都史,长期为中国南方的政治、经济、文化中心;镇江是全国闻名的江南鱼米之乡,市内有金山寺、西津渡等众多名胜古迹;苏州有近2500年历史,是吴文化的发祥地,城市文化古迹众多,苏州园林、大运河苏州段入选世界遗产名录;无锡文化属吴越文化,无锡内存有大量吴文化遗址,有鼋头渚、灵山大佛、无锡中视影视基地(三国城、水浒城、唐城)、梅园、蠡园、惠山古镇、荡口古镇、东林书院、崇安寺、南禅寺等景点,是中国优秀旅游城市;常州是一座有着3200多年历史的文化古城,与上海、南京两大都市等距相望,与苏州、无锡联袂成片,构成苏锡常都市圈,且常州素有龙城之称,龙文化旅游资源十分独特;上海则拥有深厚的近代城市文化底蕴(海派文化和都市文化)和众多历史古迹。南京、镇江、苏州、无锡、常州、上海地理位置相近,交通便捷,随着2010年、2011年前后沪宁城际、京沪高铁分别通车,南京通往上海的高铁平均10分钟一趟,大量游客出于对历史文化名城等的参观需求,在沪宁间流动,形成都市游、水乡游、园林游、古城游、观光游等诸多经典线路，促成了中国著名的沪宁旅游带。

沪杭间：大量游客驱动的旅游线路形成了沪杭旅游带。一端是上海——地处长江入海口，南濒杭州湾，北、西与江苏、浙江两省相接。现为世界规模和面积最大的都会区之一，中华人民共和国直辖市、长江经济带的龙头城市，中国经济、交通、科技、工业、金融、贸易、会展和航运中心，集聚了海派文化（指传统的江南吴越文化与国外传来的工业文化形成的文化）与都市文化。有东方明珠、外滩、城隍庙、豫园、南京路步行街、迪士尼乐园、人民广场、静安寺、新天地等著名景点供游客参观游览。另一端是杭州——位于中国东南沿海、浙江省北部、钱塘江下游、京杭大运河南端。现为浙江省省会，浙江省的政治、经济、文化、教育、交通和金融中心，长江三角洲城市群中心城市之一，新一线城市。杭州有2200年的悠久历史，是我国八大古都之一，兼具良渚文化、吴越文化与南宋文化遗迹等人文旅游资源（主要代表性的独特文化有西湖文化、良渚文化、丝绸文化、茶文化等），与三江两湖一山一河（三江为钱塘江、富春江、新安江，两湖为西湖、千岛湖，一山为天目山，一河为京杭大运河）的自然旅游资源。沪杭间交通便利，有沪杭铁路、沪杭甬高速公路、沪杭客专上海南联络线、沪杭城际高速铁路等。上海和杭州同为文化底蕴深厚且颇具特色的旅游城市，充足的客源以及城市间便利的交通条件将沪杭旅游线路打通。未来的大运河也应形成这种模式，靠运河两端，一端在长三角、另一端在京津冀，自两端起向中间打通，若中间有合理分布的旅游设施，大运河旅游线路就能形成，线路形成取决于两端市场是否有足够力量将线路支撑打通。

京西南十渡—野三坡一线：十渡是国家AAAA级旅游景区，位于北京市房山区十渡镇，地处太行山北段余脉东北侧、华北平原西北山区，西南与河北接壤，是华北地区唯一以岩溶峰林和河谷地貌为特色的自然景区。野三坡是国家AAAAA级旅游景区，位于中国北方太行山脉和燕山山脉交会处，地处北京西部、河北省西北部、保定市涞水县境内，野三坡集北方山水的高亢和南方山水的婉约于一身，较为闻名的景点有鱼谷洞、百里峡等。十渡与野三坡地理位置相近，十渡距离北京市80公里左右，野三坡距离北京市120公里左右，十渡与野三坡相距约40公里，二者同属于京郊旅游圈，对于北京人来说十渡是通向野三坡的最佳线路。两者同属于自然风景区，一脉相承，位于拒马河沿岸，有山有水。十渡与野三坡都是知名度较高的自然景点，一脉相承，同时满足了旅游者赏玩自然山水的旅游需求，且地理位置相近，游客往往通过乘坐火车等公共交通工具或采取自驾的方式游览两个景点。由此形成了旅游者从十渡到野三坡整体性的移动，即旅游流，在旅游客流的驱动下十渡—野三坡旅游带得以形成。

3. 单向市场驱动模式

所谓单向市场驱动模式即该旅游区的目标市场单向对该旅游区的产业组织发展施加影响，作用于旅游区的发展过程中时占主导地位。依托单向市场驱动模式组织产业发展的旅游空间，其目标市场区域的发展水平高于该旅游空间，能够发挥出有效的影响力。20世纪90年代，迎来了旅游业的快速发展时期，旅游市场不断扩张，游客数量不断增多。为了满足日益增大的游客需求并借势发展地区经济，旅游景区、景点开始大规模改善、升级并扩张，以景区、景点为中心辐射至周围区域的旅游业态不断丰富起来。随着旅游市场的不断扩大，市场需求的驱动作用推动旅游区从原本只能勉强满足游客简单的观光游需求的层次，跨越到了具备完善的接待设施、能够提供个性化服务的阶段，市场需求单向推动着旅游空间演化。市场依赖性强是依托单向市场组织产业发展的旅游空间的主要特点，主要表现在以下三个方面：

市场需求具备导向性，单向引导空间演化的方向。旅游市场的人口学特征、区域特征等使得市场需求具备不同特点，由市场需求驱动建设并发展的旅游区往往时刻关注目标市场动态，其要保持与目标市场需求变化同步，并尽可能地走在市场需求变化前面，这才能精准、有效地应对市场需求的变化，甚至引导市场需求的变化方向，维持旅游区可持续发展局面。例如四川省青城后山景区，该景区的目标市场定位在成都市，20世纪90年代末至2008年，由于经济条件的限制与时代特点，目标市场在开展旅游活动时，偏爱"农家乐"类型的消费，因此，那时青城后山景区内的商户以经营农家乐居多。自2008年以来，目标市场由于审美变化、经济条件的提高等原因导致市场需求出现了巨大的变化，因此，青城后山景区内的农家乐受市场需求的引导纷纷转型成网红民宿，甚至为满足多年龄层次的游客需求，拓展出民宿"新玩法"。这足以说明，以单向市场驱动模式组织产业的旅游空间，其演化方向主要受市场需求的引导。

市场需求的多样性驱动空间功能多元化发展。市场对旅游区产生单向驱动作用，意味着旅游区的建设与发展对市场的依赖性较强。市场需求逐步多样化，游客希望从该旅游空间获取更丰富的旅游产品，简单的观光游模式已无法对游客施加充足的吸引力，旅游区朝着尽可能满足市场需求的方向及时丰富旅游业态，通过提供多元化的旅游产品，再次强化旅游区吸引力。例如河北省野三坡旅游区内的核心接待基地三坡镇，从1986年开始，由于京津冀都市圈居民周末休闲旅游需求的扩张，其土地空间利用开始发生巨大变化，借势迅速转型成特色休闲度假型旅游小镇，从最初未被利用的大面积的耕地、裸地到现在大面积的旅游住宿用地、旅游购物用地、旅游餐饮用地[①]，其土地空间利用产业分布充分说明了其市场需求的多样性驱动作用。

市场需求的层次性主导着空间业态占比。不同层次的市场其需求不同，将会对空间业态发展起导向作用。在旅游区发展对市场依赖性如此强烈的情况下，如何契合并满足不同层次的市场需求，该空间中的不同产业所占比例显得十分重要。发展旅游业的目的之一即为获得可观的经济效益，市场需求的不同层次能够在旅游区找到契合产品，游客喜欢并愿意、能够为产品消费是获得经济收入的直接途径，于是该空间会按照对其有利的方向发展，无论是按照年龄划分层次、按照喜好划分层次，抑或是按照不同的人群消费能力划分层次，市场需求的不同层次会清晰而明确地在空间产业占比中反映出来。

4. 双向市场相互驱动模式

双向市场驱动模式即互为旅游目的地、目标市场的区域相互产生影响力，作用于彼此的产业组织过程中以实现旅游业发展。以双向市场驱动模式组织产业促进旅游发展的区域旅游业发展水平不同，会产生具备不同特点的驱动力。需要注意的是，双向市场驱动模式不限制市场的数量，两个区域可以产生双向驱动力，三个区域也能形成三角状相互驱动关系。按照不同空间的旅游业发展水平区分，可将旅游空间分为三种类型：①处于领先地位的旅游目的地；②处于快速发展进程中的旅游目的地；③正处于探索发展状态的旅游目的地。在通常情况下，前两种类型的旅游空间相互组

---

① 席建超，赵美风，王凯，等.1986—2010年成长型旅游小镇用地演变格局——河北省野三坡旅游区三坡镇的案例实证[J].地理研究，2013，32（1）：11-19.

合,通过双向市场驱动模式组织产业以发展旅游业的情况比较常见,不同组合类型的相互驱动模式具备不同的特点。由于第三种类型的旅游空间处于探索发展时期,尚未形成稳定的客源市场及成熟的发展模式,第三种类型两两组合或与属于前两种类型的旅游空间组合发展的情况非常少见,因此,我们将探讨前两种类型的旅游空间两两组合的具体案例。

第一,相互产生驱动力量的旅游目的地旅游业发展水平在当前旅游市场中处于领先地位,二者相互影响的过程处于竞先引领发展状态,称其为双向市场驱动发展中的"竞先发展模式"。"竞先发展模式"产生的主要原因是:两个处于领先地位的旅游空间在发展过程中同时采取"领先战略",双方市场在发展中不甘示弱,竞先发展,将外在的竞争状态内化为双向驱动力,不断推陈出新,实现双向驱动发展并引领市场。旅游空间通过"竞先发展模式"源源不断为各自空间增加不同属性的吸引力。处于领先地位的旅游目的地相互作为客源市场深受两地游客的偏爱,游客需求的不断增大是促进两地产业联结的主要原因。例如,京沪两地按照不同的市场定位竞先发展,京沪高铁的开通促进两地产业发展的紧密性,二者作为我国一线城市不断创造旅游发展新业态,将京沪高铁沿线城市的旅游业发展带动起来,多方面引领我国旅游业的发展。

第二,旅游业发展水平处于领先地位的旅游目的地与处于快速发展进程中的旅游目的地形成双向市场驱动模式,二者的相互影响关系表现为"牵引+紧跟",称其为"带动发展模式"。"带动发展模式"形成的主要原因是:互为客源市场的旅游目的地本就存在旅游发展水平不一致的现象,在政策驱动、战略驱动的背景下,这两种类型的旅游目的地发展将紧密相连。通常,为缓和两个区域旅游业发展的不平衡关系,位于领先地位的旅游目的地带动处于快速发展状态但仍存在发展瓶颈的旅游目的地发展,后者为前者拓宽市场、贡献发展力量、促进提升自身影响力,形成双向市场驱动发展模式。例如,京津冀首都经济圈,从地理位置角度出发,京津冀三个区域相邻,因此,河北、天津是北京重要的客源市场,北京也是河北、天津的旅游客源市场;从发展水平角度出发,北京旅游业发展水平位于全国前列,而河北、天津旅游业发展水平相对逊色。自京津冀形成首都经济圈以来,北京旅游业态丰富,带动天津、河北旅游业发展,为天津、河北旅游发展提供更好的发展机遇,河北与天津也为北京提供更加广阔的市场,利用各自优势,在相互促进中共同发展。

第三,处于快速发展进程中的旅游目的地之间形成双向市场驱动模式,二者形成的相互影响力表现为互帮互助、协同发展,因此称之为"协同发展模式"。同是处于快速发展进程中的旅游目的地具有蓬勃发展之势,但在知名度、旅游资源吸引力、旅游服务质量等方面仍需得到提升,互为客源市场的处于快速发展进程的旅游目的地之间相互影响,通过产业联结各自加快提升速度与质量,双方广阔的客源市场也为彼此提供足够的发展空间。

三、目的地空间组织模式

1. 连续线路模式

(1)"连续"与"有序"

连续线路的特征在空间中表现为"连续",指的是将三维空间内的各点平铺,将其视作二维空间中的点,连点成线,各点之间由一条线串联,在现实生活中可以是一个区域地图中的主干道,也可以是一条旅游产品分布于单侧/两侧的河流、一条串联起分散旅游产品的道路、一种贯穿旅游行程并连接旅游产品的交通方式等。可以是有形的线，也可以是无形的线。通过这样的特殊的"线"使得旅游行程不断，旅游吸引物持续呈现在游客视野，形成连续的、线性的旅游线路体系。

连续线路的特征在时间尺度上表现为"有序"，连续即有先后之分，有顺序之分，头尾清晰，各旅游产品在连续线路上的所处位置会影响到游客使用旅游产品的先后顺序。在现实生活中可表现为在制定某次旅游行程安排时，通过时间线排列开展旅游活动，组合本来分散的旅游产品让游客形成连续线路感知。例如早上8点到某地参观、中午12点到某餐厅用餐等的时间线安排，使得旅游行程具有时间连续性，形成有序的、系统的旅游体系。

时间上的"有序"存在于空间中的"连续"的基础之上。有了空间中的"连续"特征，才谈得上时间上的"有序"。旅游是一个动态过程，旅游中的连续线路，首先得有线的存在。无论是道路、河流还是贯穿旅游始终的交通方式，都是形成连续线路的基础。不断的线的存在，使得旅游这一动态过程有了依托。但运动还需要方向，运动时经过的旅游产品还具有顺序特征，于是有"序"成为连续线路的第二个特征。不断的线路与有序的时间线安排共同形成了以时间为第三维度的三维时空，共同构成了旅游中的连续线路特征。

（2）"整体"与"差异"

具备连续线路特征的旅游空间，是由一条线和围绕其分布的多个点构成的一个整体空间，对旅游者施加的吸引力是整体作用力。无论这条线有多长，构成的方式多么复杂，围绕其分布的旅游产品风格多么迥异，带给游客的空间感受是整体的、不可分割的。在具备连续线路特征的旅游空间内开展旅游活动以前，旅游者通过搜集信息得到的关于该空间的连续线路感知会给游客带来整体线路意识，等到游客正式开展旅游活动时，往往不会认为各旅游产品是单一、独立的存在，而是在"线"的引导下，具有整体意识、自然而然地完成的一套旅游活动。并且在结束旅游活动后，通过分享、转述等形式呈现的评价与反馈往往也会流露出游客对于该旅游活动产生的整体意识。"整体"还表现为在具备连续线路特征的旅游空间内不出现明显的局部游特征，尤其是首次到该目的地旅游的旅游者，往往会将整个空间视为一个整体开展旅游活动，而不会主动将整个旅游空间分割，局部化旅游空间，选择其中一个部分开展旅游活动。

连续线路的各分点构成一个整体，整体并不意味着各点同质化发展。点与点之间的差异化形象更有助于塑造、提升整体吸引力，保持旅游产品的吸引力，使得该旅游空间能够持续发展。具有连续线路特征的旅游产品体系的整体性是由多个具有差异的旅游产品构成，整体营销、联合营销该旅游产品体系时，也需要具有不同特色、不同风格的旅游产品释放组合吸引力，集合了不同的闪光点的产品使得该旅游空间形象更丰富、更饱满，这远远大于各个旅游产品吸引力发挥的作用之和。

● 案例：多瑙河维京游轮之旅

多瑙河是欧洲第二长河，自西向东流经欧洲 12 个国家。将多瑙河与旅游结合，就开启了多瑙河沿线游。2018 年，由多瑙河旅游推广组织倡议发起，德国国家旅游局、匈牙利国家旅游局和塞尔维亚国家旅游局联合举办了"盛情欧洲—相约多瑙"主题活动，验证了多瑙河串联起欧洲游的观点。在这条线上，旅游者能够走进多个欧洲国家，所以往往会采用"欧洲深度游"等词语来形容与多瑙河有关的旅游活动。

多瑙河本身就是一条不断的线，串联起欧洲 12 个国家，但这条线还需要借助交通工具形成一套完整的旅游产品，维京游轮—东欧多瑙河之旅则很好地诠释了旅游空间中的连续线路特征。例如 11 日多瑙河缤纷之旅，游客乘坐维京游轮从匈牙利布达佩斯或从维也纳出发，11 天里经过东欧和中欧的 5 个国家 8 座城市，沿河旅行不仅拉近了沿岸文化历史景点（超过 40 个联合国世界遗产），还途经大约 30 个自然保护区、4 个首都（维也纳、布拉迪斯拉发、布达佩斯、贝尔格莱德）以及许多风景如画的历史名城。该航线已经为游轮游客规划好每日的行程，不需要游客再自行规划，其连续线路特征显而易见。

这是一套完整的旅游产品，其最大吸引力就是旅游者能够通过这样一套旅游产品体验多个国家的不同文化底蕴，几乎没有游客会只选择体验其中某一段行程，这样连贯的、有序的旅游线路属于连续线路的一种，多瑙河为线，游轮为辅，各欧洲国家、城市为点，由线串联各点，形成旅游空间中的连续线路。

2. 单核模式

（1）核——吸引力中心

核，即事物中心、事物的主要部分，在一般事物中表现为占据主要地位的部分，其在空间中的重要性可类比细胞核。在旅游空间核心区域中，旅游资源的吸引力及重要性、旅游接待承载量、旅游经济指标、所享声誉等方面所呈现的数据信息共同反映该地区"核"的特征。

第一，存在于旅游空间核心区域的旅游资源凝聚着该空间最具代表性的吸引力，在时间的长河中经过无数次洗礼，结合自身实际情况，不断改善、修正发展方向，最终形成了特有的魅力，首次在该空间开展旅游活动的旅游者将该空间的核心区域视为首要旅游地点。

第二，旅游空间中的"核"是该地区率先发展且经久不衰、占据主要地位的区域，该区域率先发挥出该旅游空间的发展潜能，在整个空间中占首要地位，核心区域多年以来经过市场的检验，持续不断为该空间输送旅游者并带来旅游消费，提供并维持整个旅游空间的发展活力。

第三，旅游空间中的"核"具备提供该空间中最优质的旅游服务和带动空间中其他区域发展起来的能力，作为空间中的发展榜样，注重持续利用自身优势扩大空间影响力，形成以核为中心向其周围扩散发展的发展格局。

（2）相互影响——"带动发展"与"丰富体系"

核心区域带动其他区域发展，其他区域丰富核心区域旅游者的旅游选择，为旅游者提供多样化的旅游产品，二者相互促进实现旅游业共同发展。一方面，核心区域以自身优势率先发展旅游业，逐渐形成稳定的客源市场并逐渐扩张，激发出其他区域发展旅游业的潜能，为其提供发展基础，带动该旅游空间其他区域旅游业的发展。另一方面，当出现旅游产品更新速度不足以满足游客新需求时，核心区域周围的非核心区域提供的不同旅游产品将为该空间内的旅游市场注入新活力，并对旅游者形成更新更丰富的吸引力，引导旅游者在该空间开展多次旅游活动，使旅游者留下来，将旅游者召回来。

（3）空间角色——"业态标杆"与"探索发展之地"

核心区域旅游业态是该空间旅游业发展的标杆，其他区域则是该空间中具备较大发展潜能的探索发展之地。率先发展起来的核心区域的发展定位、发展模式经过多年的迭代逐步稳定下来，成为该空间其他区域发展旅游业的业态标杆。但同时，在核心区域的创新方向基本不会脱离原有定位，旅游产品创新属于"框"中的创新。而其他区域发展在借鉴核心区域发展经验的同时，也在努力探索异于核心区域的发展模式与旅游产品体系，旅游产品体系创新属于"框"外的创新，具备更大的潜能发展多样化的旅游业，从而成为该空间的预备新"核"。

● 案例：从西安到陕西全域

陕西，省会西安，位于中国西部，属于我国内陆腹地，地跨黄河、长江两大水系，横跨三个气候带，拥有丰富的自然和人文旅游资源。按照地理区域分类，可将陕西分为关中、陕北、陕南。关中的文物古迹、丝路遗产、秦岭的自然风光全球闻名；陕北拥有举世闻名的中国革命圣地和以信天游为代表的民族风情；陕南位于秦岭大巴山，是陕西重要的绿色产业基地，生态旅游的核心区域。

就空间经济方面，陕西旅游经济呈现以西安为中心，向四周辐射的"一核三圈"经济结构。向关中的渭南、咸阳、宝鸡、铜川辐射，形成关中旅游经济圈；向北辐射延安、榆林，形成陕北经济圈；向南辐射商洛、安康、汉中，形成陕南旅游经济圈[①]。

就空间旅游资源方面，关中、陕北、陕南旅游品牌各具特色，尤以关中西安最为出名。关中地区形成以历史文化古都为特色的盛唐文化体验旅游品牌，代表性的有首批"全国示范步行街"——大唐不夜城，是全国夜游经济新地标；陕北地区形成以红色文化为标志的教育传承旅游品牌，如集红色旅游、文化体验、休闲度假、演艺娱乐、时尚消费于一体的红色文化体验区——枣园革命旧址；陕南形成以两汉三国文化为吸引力的绿色生态旅游品牌，代表性的有浓缩了三千里汉江风情的汉文化主题度假区——

---

① 唐光海.区域旅游空间结构构建研究——以陕西为例[J].渭南师范学院学报，2016，31（24）：57-64.

"兴汉胜境"[①]。

综上所述,陕西旅游空间呈现出以关中西安为核心,向陕南、陕北辐射发展的特点。近几年,关中旅游业发展火爆,但陕北、陕南旅游业发展也紧随其后,建造差异化独特品牌的同时,也在努力探索独特的旅游业发展道路。

3. 多极多段模式

(1)空间区域段状分布

一个整体旅游空间区域成典型的段状分布,一段以一核心区域为极,空间层面连续性强、产业层面分隔发展,即旅游空间多极多段发展模式的主要特征。首先,该旅游空间呈现出明显的旅游资源、旅游业态段状集聚特征,该段状区域内的旅游业态结构足以为旅游者独立提供相应旅游服务,形成各段状区域自身的发展模式,各自产业呈现分隔发展特征,互不主动连接,但以被动形式被旅游者需求促进连接。其次,核心区域的旅游业发展享有一定声誉,走在该空间旅游发展前沿,已建立起成熟的旅游品牌,客源市场充足且稳定,在该段状区域内存在一定的旅游影响力,核心区域的旅游品牌、旅游形象浓缩了该段的旅游形象。政策驱动、旅游资源驱动、交通驱动、经济驱动等都有可能是促进该旅游空间形成多极多段的发展模式的原因。

(2)空间旅游形象为复合形象

在该旅游空间中,各段核心区域的旅游资源的吸引力、旅游经济、旅游品牌影响力、旅游交通等方面都格外突出,该旅游空间向游客展示的整

---

① 张阳,靳雪,龚先洁,等.陕西文化旅游品牌空间格局及创新发展路径研究[J].河南科学,2021,39(4):668-675.

体旅游形象由该空间内的多个各具特色的旅游形象组合而成，互不冲突，达到相辅相成的效果，形成该旅游空间专属的复合旅游形象。该旅游空间以各段整体打包形式向消费者出售旅游产品，由于核心区域的发展，独特的复合旅游形象并不影响单个旅游形象的知名度，当旅游者由于各种原因（例如受时间、金钱等的限制）需要对旅游目的地做出选择时，单一段状区域足以为其提供一次完整的旅游服务。由于空间的连续性，也不乏有旅游者愿意同时购买多个打包产品（空间意义上的一个段状区域为一个整体打包产品），并将多个段状区域旅游产品串联起来，开展整个旅游空间意义上的旅游活动。

（3）产业互隔，形成各自旅游发展模式

各段旅游业态围绕核心区域辐射发展，形成具有该段特色的旅游品牌的产业链。各段之间产业链并未主动连接起来，而是由于空间层面的连续性形成被动的部分连接的状态。在发展产业时，从旅游供应商角度，各段处于分隔发展的状态，产业之间互不连接，各自发展，形成具有区域特色的旅游产业。从旅游消费者角度来看，其需求决定旅游产业的连接程度，若旅游消费者更愿意购买组合产品，那么将会促进产业连接发展，若大部分旅游消费者更倾向于购买单个旅游产品，在该旅游空间以重复游模式体验多个段落区域的旅游产品，那么将不会对产业连接起促进作用。

● 案例：昆明—玉溪—红河

云南省位于我国西南边疆地区，独特的地貌特征和气候条件造就了丰富的自然旅游资源，悠久的民族历史、特殊的地理位置孕育了多彩的人文风情。"七彩云南，旅游天堂"作为云南省的宣传口号，足以传递出云南省的复合旅游形象。按照地理位置及旅游资源集中程度划分，云南旅游资源集中分布在四个段状区域：即昆明—玉溪—红河片区、大理—丽江片区、德宏—保山片区、西双版纳片区。这四个区域空间连续性强，但产业互隔，形成鲜明的旅游发展多极多段模式。

昆明—玉溪—红河区域以昆明市旅游业为核心。高级别旅游资源以昆明为首[①]，共计20个，红河次之，玉溪最少，昆明、红河自然资源数量全省最多，旅行社以打包形式销售该段区域旅游产品。大理—丽江片区以双核模式发展，高级别旅游资源大理共计13个，丽江共计14个，人文资源数量远多于自然资源，但自然资源与人文资源名气相当，不分上下，共同发展。旅行社以打包形式销售该段区域旅游产品。德宏—保山片区，以德宏州为旅游发展核心区域，高级别旅游资源德宏共计7个，保山共计5个。旅游业发展速度相较前两个区域而言比较缓慢，且发展态势不如前两个区域，游客更愿意选择自驾方式在这片区域开展旅游活动。西双版纳片区，以西双版纳为旅游发展核心区域，在西双版纳共计有13个高级别旅游资源，以边境旅游与生态旅游为主，由于地理位置，西双版纳区域旅游产业与其他区域产业相隔状态更加明显，西双版纳常作为游客在该旅游空间的重游选择。

四、产品组织模式

1. 产品空间贯连

（1）"合"中有"分"，"分"构成"合"

产品贯连，即旅游产品之间相互贯通串联，按照整体思维打造并形成

---

① 冯婧，何夏芸，罗英.云南省旅游资源空间结构研究［J］.商洛学院学报，2018，32（4）：72-79.

一套独立的产品体系。该贯连产品具备明确的空间指向、一系列产品集合等特征，但其中某一产品无法代表贯连后的整体产品。如果某旅游目的地希望通过贯连模式组织产品促进该空间旅游业的发展，那对"产品的分与合"的理解就显得十分重要。

产品贯连模式首先注重产品的"合"，从"合"的角度考虑产品组成及产品定位，组合打造属于该空间整体的旅游品牌及形象。在此过程中，应当考虑产品分量是否足以支撑该空间的旅游形象、产品体系是否能够覆盖全面、是否有应对办法解决产品整合以后的脆弱性、如何选取或采用什么作为合适的整体旅游形象、如何聚力发展以增幅该空间的旅游发展水平甚至发挥出更大的旅游影响力等问题。

产品贯连模式还应注重产品如何保持"分"，即产品之间应保留差异以维持产品的独特性，避免过分同质化，能够在为旅游者提供服务的同时，充当不同角色，发挥出不同的功能。各产品经历"合"以后，也能向游客呈现不同角度的"新"，在"合"中各自形成焦点，凸显本身的闪光点，带给游客体验惊喜感，这能很好地维持产业发展的活力。

（2）"分"服务"合"，"合"促进"分"

从产品组织的结构及后续发展态势角度出发，贯连产品以"合"为重，各分散产品靠"合"发展。产品贯连将分散的产品联结起来构成整体的产品体系，产品体系的核心在于打造具有鲜明特色、极具空间代表性的整体形象。分散的产品组合起来服务整体产品打造整体旅游形象，整体形象使该空间的最具吸引力的综合特征具象化，因此，各分散产品的发展情况依附于整体形象的传播与发展，各分散产品的发展方向受整体产品的发展方向调控。而产品的"分"是建立在"合"之下的"分"，无论产品之间差异多大，其目的都是共同合作创造好该空间的旅游形象、最大化发挥出该空间的旅游影响力。贯连之后的分散产品及其结构将围绕整体形象改善或创新，集中力量建设"合"之后的整体产品，为传播整体旅游形象、塑造旅游品牌服务。

例如，我国"桂林山水"是广西壮族自治区桂林市旅游资源的总称，包括漓江、遇龙河、十里画廊、七星景区、阳朔西街、桂林尧山索道、刘三姐大观园、漓江冠岩、九马画山峡谷漂流等旅游资源，同时，桂林山水也位列世界自然遗产名录之中。我们所提到的桂林山水并不明确指向某一旅游产品，而是处于桂林这个大范围的旅游空间内的旅游产品的集合，包括桂林的山、水资源甚至气候资源、风土人情等，游客来到桂林，享受的是桂林山水，而不仅仅将目光停留在漓江或阳朔西街等这一类明确的旅游资源上，游客体验的是单一旅游产品的集合，购买的是产品体系。

2. 产品分化配置

产品分化，指的是属于同一旅游空间的邻近区域因为发展战略、发展需要的不同形成目标市场不同、发展定位不同的分化产品，即使空间距离相近，但由于产品的差异，各区域产业发展受到阻隔，形成以多区域多产业为主要特点的产业组织模式。分化产品的"远"与"近"主要体现在以下两个方面。

空间距离近，发展模式远。产品分化这个概念只适用于相近且处于同一旅游空间的各区域。形成分化产品的前提是，产品所处地理位置在空间层面上是相近的。分化产品所处的区域之间可能只隔了一条河或一个街区，但产业相互阻隔，产业发展背景和目标不同，区域之间发展定位与目标市场定位差异较大，形成独具该区域特点的产业发展模式。因此，即使区域之间地理位置相近，也极有可能出现邻近区域产品分化以后的产业发展水平高低不一、产业发展步伐快慢不一致等现象。

　　空间距离近，心理距离远。心理距离指在行为人的心理空间范围内，行为人与事件的一种主观距离感知[①]。应用在旅游者群体中，即旅游者对旅游景区、景点的主观距离感知，通常由时间、社交、空间以及概率这四个维度构建。在空间距离非常小的情况下，旅游者可能受时间、社交、概率的限制导致旅游者产生较远的心理距离，从而限制旅游者产生动机，前往与当前所处区域位置距离相近的另外一个或多个提供不同旅游产品的区域。时间与社交的限制通常由客观因素造成，但概率通常受到主观因素的影响，相近的旅游区域通过塑造不同的旅游形象、提供不同的旅游产品来影响游客的主观感受，从而达到细分市场的目的，也就造成产品分化，相近区域的旅游产业相互阻隔、独立发展的结果。于是，不同区域两边各自保持不同的发展模式，走出符合自身特色的发展道路。

　　例如河北省秦皇岛市的南戴河国际旅游度假区与北戴河景区，仅有一河之隔，但二者无论是发展水平还是发展模式之间都具有显著差异。南戴河国际旅游度假区以发展海滨旅游、接待度假游游客为主，度假游游客具备时间长、旅游消费总体较高、行程松散等特点，因此，南戴河国际旅游度假区的旅游产品与度假游游客更适配。而北戴河景区是国际上重要的湿地，以发展生态旅游为主，以接待观光游游客为主，观光游游客主要具备游览时间短、旅游消费总体偏低、行程紧张等特点，因此，北戴河景区的旅游产品与观光游游客更适配。这两个区域无论是在发展定位方面还是在目标市场定位方面都有差异，且各有特点，因此，在空间中，这两个区域邻近，但产业不连通，各自发展。就实际情况来看，北戴河景区发展速度

[①] 齐文娥，林川.消费者生鲜农产品购买意愿影响因素分析［J］.华南农业大学学报（社会科学版），2018，17（1）：78-93.

第四章　大型线性旅游空间的相关特征、机制与发展策略

大于南戴河国家旅游度假区，二者发展水平也不均衡。

3. 基础设施和产业配套

大型线性旅游空间需要沿线合理布局景观道设施（道路、汽车服务区、停车场、观景台、汽车旅馆、房车营地等），以满足和支撑游客在大范围空间活动的需要。在中国快速进入汽车社会（尤其电动汽车加速推广）之后，自驾服务体系的建设更加重要。与此同时，传统的旅游活动基础设施如酒店、厕所、商店等也对旅游活动的展开具有支撑作用。

在区域发展方面，依托共同资源的区域，如西班牙、法国、意大利等地中海沿岸地区，中国江苏与浙江（以无锡和苏州两座地级市辖区为核心）太湖沿岸，为适应环境保护、度假停留（多样化的选择机会）、品牌营销等的需要，逐步发展起跨区域的合作管理与经营机制。客观上将单独发展起来的点连贯成大规模的带状空间。

欧洲的阿尔卑斯地区，横跨欧洲中部多个国家，成为多个国家的文化区隔线和交流带。意大利、法国、瑞士、德国、奥地利等均依托阿尔卑斯山地资源较早地发展起成熟的冰雪和山地旅游活动。1924年法国夏慕尼召开了第一届冬季奥运会，之后意大利、德国、奥地利等依托阿尔卑斯地区建立成熟的冰雪度假地或举办奥运会。共同的资源、相似的条件，以及邻近的交通区位，使得相关地区形成了交通、环保、品牌等方面的联合体。例如法国滑雪胜地夏慕尼的国际游客通常经由瑞士日内瓦机场抵达。

海南国际旅游岛的提出，对海南尤其以三亚为中心的南部及东西海岸的整体治理提出了更高的要求，保护环境、维护市场秩序、抑制房地产和一般文旅项目的过度开发，成为国际旅游岛建设的基本任务。上述工作也均在相关规划和地方政府文件中有明确体现。

五、发展策略与方向

1. 破解空间阻断

大型线性空间作为一种整体存在,需维持其空间连绵状态,即需克服对这一连绵状态的阻断作用。这一"阻断"实质为,有规模意义的旅游者群体,沿着大型线性空间活动的中断,当然通常情况是从统计上来看的旅游活动(如出游率指标等)的陡降,而非绝对意义的活动中止。从理论上分析,阻断作用是旅游者空间运动阻力的一种显著表现。

推拉模型是分析人口流动和旅游活动的一个重要理论。该模型主要提出,旅游者的活动同时受到来自客源地的"推力"和来自目的地的"拉力"的共同作用。推力,主要包括压力、不适感、不满意等因素,产生"离开""逃避"类旅游动机;拉力则主要包括吸引因素。根据前述分析,旅游活动实际还受到第三类力——"阻力"的作用[1]。阻力,类似于物理学中的摩擦力的意义,只在旅游(移动)过程中发生,没有旅游(移动)过程则不存在。旅游活动的阻力主要就是旅行成本,包括经济成本(交通费用)、时间成本、心理成本(路程中不确定性、不安全因素、交通工具的不舒适感、交通过程的烦躁体验等)等。前述"空间阻断"作用,可理解为推力+拉力未能克服阻力作用,旅游活动行程停止。

引力模型被运用于旅游者的空间活动研究,其含义为:旅游意愿或出游量与目的地(或吸引物)的吸引力及客源地规模成正比,与客源地到目的地的距离成反比。由引力模型又引导出旅游活动距离衰减规律:游客出

---

[1] 亢雄,马耀峰.旅游动力机制中阻力探析[J].社会科学家,2009(7):82-85.

第四章 大型线性旅游空间的相关特征、机制与发展策略

游意愿或出游量随着出游距离增加而减少。距离衰减规律的本质是旅游成本随距离增加而递增,进而抑制了旅游活动。旅游成本的基本构成是旅游交通成本,实际还包含经济成本、时间成本(现代生活中往往更重要),以及心理、社会、文化、政治等多种因素。可以想见,一旦这一成本在非均质空间中出现陡增(地形障碍、道路等级降低、国境线等)情况,上述距离衰减规律的模型将不再是一条平滑曲线,会出现陡降突变。这种突变,即造成了某一规模旅游活动(旅游流)的中断,对于一个未成形的大型线性旅游空间,即发生了空间阻断。

以丝绸之路为例,分析其中的"阻断效应"。陆上丝绸之路中国段,作为中国旅游官方主推的最重要国际旅游线路之一(多项国家文件、规划、方案中排名第一),一般认为是由洛阳开始,经潼关到西安,再经宝鸡、天水到兰州,然后进入河西走廊,经武威、张掖、酒泉—嘉峪关到敦煌,再向西北进入新疆后又分为南北几线。

但是,在旅游业实际运行中,极少有游客能够照此安排完整行程。中国陆上丝绸之路,作为旅游目的地发展而言,过远的距离(高旅行成本)将这一长线分断为洛阳附近、西安附近、天水—兰州附近、酒泉—嘉峪关—敦煌、乌鲁木齐附近等几个不连续的段落、片区或重要节点。尤其西安至张掖和敦煌至乌鲁木齐,明显存在两段路途遥远、重量级吸引物贫乏的"空档"。

近年来张掖等地新旅游产品和目的地的发展,以及交通条件的改善(高铁和渐趋普及的自驾车,实际在降低旅游综合成本)将有望改变这一情况。

2. 降低边际成本收益率

由上面分析我们还可以发现，游客在大型线性旅游空间中所做的长距离旅游活动，存在一个重要因素——边际成本收益率。所谓边际成本收益率是指，在一次行程较远的旅游活动中，很显然，旅游者每次"再向前一步"，都需要足够高的旅游性价比来驱动，也就是要考虑付出多少旅游成本同时得到多少旅游体验问题。由此，引出旅游行程增加的边际成本收益率问题，即新增旅游体验收益相对于增加旅游成本的比率问题。

$$I = \triangle R / \triangle C$$

上式表达了旅游行程中的边际成本收益率。其中，$\triangle C$ 为增加一段行程的旅游成本，包括经济成本（交通费用）、时间成本，以及心理及其他成本，例如路程中不确定性、不安全因素、交通工具的不舒适感、交通过程的烦躁体验等。$\triangle R$ 为增加一段行程的综合体验收益。

显然，成本和收益之间要达到某种关系（业界通常用"行游比"概念），才能使某种行程安排成为一般游客的选择，通俗地讲，就是游客觉得花这个代价玩得值不值的问题。

由此，我们有两个重要的推论：要新增的一段行程，其边际成本收益率不仅不能低于一般水平，还要不显著低于前段的平均成本收益率。

在一般经济学模型中，存在一个生产规模最大的平衡点，即边际成本等同于边际收益的点，也是利润最大的点。对于旅游需求者而言，一次旅游活动的旅游收益和旅游成本均有不同于其他产品的特殊性，但也存在多种约束下两因素达到平衡的点。对于旅游供给者或者目的地而言，大多数游客的选择就是实际供给的合理存在范围。

我们运用相关原理分析香格里拉线路各点的位势。由昆明出发，经大理,到丽江,最终到香格里拉(原迪庆州中甸县)的香格里拉线路,高质量的旅游吸引物和旅游城市集中分布,且具有鲜明的云南特色,入选过2009年国家旅游局发布的12条国家旅游线路和2016年评选的中国十大精品旅游线路。

昆明是线路上发展最早的重要的旅游目的地,同时是云南旅游的交通、服务和产业组织中心,既是最重要的进出云南的枢纽,又是唯一的最重要的省内交通枢纽,辐射状连接西(大理、丽江)、西南(瑞丽、腾冲)、南(抚仙湖、西双版纳)、东(近程石林、东北昭通方向未成熟)。世界园艺博览会(昆明,1999年)、滇池治理、长水机场建设,以及20多年来省内重要旅游目的地"多点渐次开花"的形势,极大地促进了昆明作为中国重要旅游城市(兼具枢纽和目的地功能)地位的形成。

大理位于昆明西面,同时是进一步向西北进入丽江和香格里拉的必经之路。大理是云南成名较早的旅游目的地,"苍山洱海"品牌深入人心,大理古国、五朵金花也有很高的知名度。大理在各地市州中距离昆明相对较近,也较早建成了连通昆明的铁路和高速公路,路程近、时间短。大理的旅游产品建设,在丽江旅游兴起后有些相形见绌。但是凭借旅游区位优势,大理从昆明辐射的游客和过境游客量一直较大。

丽江旅游在20世纪末兴起后,迅速成为云南旅游最受欢迎的目的地,丽江古城(以大研古镇为核心,包括随后兴起的束河古镇)成为中国古城古镇文化休闲观光的标志之一,引领了中国旅游一段时期的发展。大理与丽江之间,同时存在竞争与相互支撑的关系。大量丽江游客需过境大理,大理也极大地丰富了丽江游线的内容。丽江直飞北京等客源地的航线开通,又是一次对区域旅游格局的改变,对大理和昆明均有影响。

香格里拉位于这一线路的最西北边缘。由中甸更名香格里拉极大地吸引了旅游市场的关注，其与丽江和大理的关系更为特殊。香格里拉旅游与丽江和大理之间会产生一定的相互带动和促进作用。到香格里拉的游客几乎必然过境丽江，但是目前的丽江，显然成为行程中那个平衡点或者说"拐点"，多数长线（从昆明方向进入）游客到达丽江后选择了停止西进。对于香格里拉的旅游业者而言，丽江"过于完美"了。

3. 顺应和引导空间走向

很多大型线性旅游空间存在一定的走向脉络，或基于历史时间顺序（如长征等）或基于自然脉络（如桂林—阳朔景观河段）或基于游客流向（如大城市或城市群旅游流）。顺应和引导空间走向是管理大型线性旅游空间的一项重要原则。

以长城为例，从山海关到嘉峪关的明长城主体部分，由于空间跨度大，景观同质化高，开展大规模的"全程"旅游活动是不现实的。实际上，长城还是存在两个重要的空间脉络的，一是明长城（其他长城目前旅游开发利用率相对较低）的军事体系，即类同于军区的边镇体系以及单个边镇的工事和后勤组织体系；二是以京津为首要节点的客源流动体系，即国内外游客分别经由北京、西安、沈阳等方向进入长城区域。这种横向流动的空间结构与京杭大运河的纵向流动空间结构显著不同。由此，也引导出，在完善旅游交通和丰富产品体验的基础上，京杭大运河以及重庆—宜昌—武汉—南京—上海等旅游线路存在成为现实的潜力。

关于横纵向结构问题，还有一个典型的案例，即秦岭—淮河地理标志线。秦岭—淮河作为中国南北方自然与文化分异的重要地理标志线，具有特定的遗产价值和旅游价值。但其作为"分界线"，南北差异的体现往往需要横向穿越才能体验深刻，反之，纵向活动的体验感就相对较弱。

长征国家文化公园实际依托历史事件展开，天然地具有顺序性、连贯性、整体性，因而，每一段落、每一节点之间，应当强化连续性和整体性，使得长程旅游活动具有"连续剧"的连贯感。

4. 推进区域合作与资源整合

旅游目的地之间既存在竞争关系，也存在合作关系。1929年，霍特林提出了空间竞争理论。空间合作理论最早可追溯到斯密的分工理论，他在著作《国民财富的性质和原因的研究》中提出了绝对优势理论。在此基础上李嘉图提出了比较优势理论：地区间存在生产成本的相对差别，使得地区在不同产品的生产上具有比较优势，从而产生了地域分工，即各个地区都按照比较优势，生产具有比较优势的产品。旅游活动空间同样兼具竞争与合作关系。欧洲莱茵河流域作为人口与城镇密集、文化遗产丰富的地区，较早开展了跨地区甚至跨国的空间合作，整合了旅游品牌，提升了整体管理效率。

莱茵河流域旅游开发模式的主要特点是：跨国性机构统一管理，制定具有法律效力的国际条约性制度；多国联合开发，统筹开发方向、开放日程与功能指向；消除旅游者跨国流动障碍；注重环境保护、文化保护、特色开发和可持续发展等。莱茵河是欧洲著名的国际性河流，发源于瑞士，流经列支敦士登、奥地利、法国、德国，最后在荷兰的鹿特丹附近注入北海。自19世纪签署第一份航运协定后，该区域一直采用不收费、不收税的自由航行政策。莱茵河的旅游开发还得益于区域旅游管理机构即欧洲旅游委员会的成立。欧洲旅游委员会是一个拥有30多个会员的非营利性机构，总部设在布鲁塞尔。该机构拥有欧洲主要国家的官方旅游管理机构作为会员，主要进行旅游市场营销和研究，能够较为准确和迅速地掌握欧洲旅游市场现状。该机构将欧洲莱茵河流域作为一个整体对外进行推销，从一个更高的层面上促进旅游业的整体发展，保护资源，维护市场秩序。而随着欧盟一体化进程的加速，特别是1985年6月《申根条约》的签订，极大程度简化了莱茵河流域的旅游出入境手续，基本实现了跨国旅游无障碍，也为区域旅游开发提供了重要保障，同时有力地协调了各个国家的利益，加强了文化古迹的保护工作。

实际上，旅游资源的整合符合经济发展的一般规律。在经济生活中，优胜劣汰，资产的优化重组，乃至兼并和退出都是很平常的现象。因此，旅游资源被重组本应该是自然的事情。旅游资源的普遍共生性决定了旅游资源需要整合。旅游资源的"共生"是其存在的普遍方式。例如，杭州千岛湖，其中有些岛屿开发成为旅游景区，它们看似分隔独立，实则同系于一池碧水。水脏了，岛也就失去了旅游生命力。再如苏州园林群，它们能够整合出上规模、上档次的旅游产品系列，形成精品旅游线路。苏州园林群两次打包申请世界遗产就是一种成功的整合。旅游资源经过整合能够强化旅游主题，鲜明旅游形象，增强整体实力，提升竞争力，约束恶性竞争，保障公共产品的供给。

旅游资源整合的基本路径和方法包括以下几个方面。

第一，空间层次整合。将同属于一个较高空间层次的旅游资源整合起来，形成一个大资源，建设一个大景区，扩大规模，提升档次，集中力量在一个更广阔的空间里开发产品、开拓市场。

第二，共生整合。将具有共生关系的旅游资源整合起来。协调利益关系，调整开发行为，限制开发力度，实现资源与环境的可持续利用，保障旅游产业的长远发展。例如，太湖周边几个地区的旅游度假村由于共生于太湖，保护太湖生态环境这一共同要求必将促发各地进行资源整合，实现共同生存，共同发展。

第三，主题整合。在某一个区域内，根据旅游资源的总体特点和市场状况，制定旅游产业的发展方向和战略，确定区域旅游的主题和形象，借此整合区域内旅游资源，使其服从或服务于区域旅游的主题，形成鲜明的旅游形象，打造最具市场竞争力的核心产品，形成有吸引力的旅游目的地。

第四，产品与线路整合。将某些不能形成成熟旅游产品或市场竞争力较弱的旅游资源依据某种产品开发理念整合起来，形成新的旅游产品，或利用旅游资源在区位、交通和功能上的联系，将分散的旅游资源组织起来，组成旅游线路整体推出。

第五，产业链整合。某些旅游产品在消费上具有一些关联，可以根据这种联系对旅游资源甚至整个大旅游产业进行整合，完善旅游产业链，带动旅游经济的发展。

第六，保障系统整合。旅游资源的开发有赖于保障系统的建立，广义上的保障系统包括交通、通信、电力、金融、卫生等构成的社会经济体系。充分利用旅游保障系统是整合旅游资源的一个重要思路，交通线路的形成和改善往往作用最为明显。例如，小浪底水利工程的兴建使得运城等地黄河河段的通航成为可能，为沿线诸县（市）旅游资源的整合推出提供了极佳的历史机遇。

第五章 国内外大型线性旅游空间案例研究

一、国外案例

1. 地中海海岸

（1）基本情况

"地中海"从拉丁语中翻译过来，名为"土地的中央"，顾名思义这是一片被土地包围着的陆间海，它的周围环绕着欧洲、非洲和亚洲三大洲，沿岸的城市更是不计其数，主要包括西班牙、法国、意大利、希腊和埃及等。拥有独特的地中海气候，全年降水量达300~1000毫米，年平均水温为4~25℃。夏季时，气候干燥、降雨量少，占全年降雨量的30%~40%；冬季时，气候温暖、降雨量多，占全年降雨量的60%~70%。与中北欧地区阴冷的气候形成了鲜明的对比。

地中海这片海域作为西方文明的起源地，在信息闭塞时代，欧洲人曾把地中海当作世界的中心。同时，在地中海这个大舞台上，还上演过各族群或种族之间文化与宗教的交融和纷争，孕育出独特的宗教文字、民风习俗、建筑艺术和沿岸的多种文明等。

地中海还担任着欧、亚、非三大洲的重要交通航道，由于其大多数时候都风平浪静，且中间岛屿星罗棋布，即使不幸遇到危险，也很容易找到能够停靠的口岸，为各国往来交流提供了极大的便利，使得商品贸易和文化交流得到了进一步发展。这也让地中海居民将出海视为一件美差，认为海洋能够带来金钱和机遇，孕育出地中海独特的海洋文化。但同时也使得战争更易发生，在当时各方面均还不是很发达的条件下，就产生了大量海战。这些战争使得大量的艺术瑰宝不幸毁坏和丢失，却也使得"特洛伊战争及其相关的神话传奇"这段希腊罗马文化中共有的历史成为地中海文明的坚实基础。

地中海也是世界旅游业肇兴之地，早在两千多年前，罗马就开始分别销售冬夏日的旅游指南，旅游者的住宿条件也从最初的帐篷发展到供暖的豪华旅馆。这些旅馆不仅提供基础的生活用品，还为旅游者提供了休闲娱乐的机会。由于欧洲其他地区，尤其是北欧气候寒冷、娱乐设施缺乏，因此这些旅馆极受那些权贵之人的欢迎。当时的旅游活动主要以享乐为主，权贵旅游者们的旅游行为都表现出一种宣泄欲望的状态，导致对地中海沿岸数千公里造成了不可逆的损害。

地中海沿线海岸从西向东按顺时针方向可划分为西班牙海岸、法国海岸、意大利海岸、希腊海岸和北非海岸，可以看出，地中海海岸是由多个不连续段落构成，市场由北向南。

西班牙海岸，又称"太阳海岸"，全年日照时间可达300多天，主要是指直布罗陀到巴塞罗那这一段沿线地区，可以看出，这一段海岸线很长，可达数千公里，沿岸海滩也各具特色，有的有森林做伴，有的却沙丘满目。身处在斗牛士王国的西班牙，不仅能感受到太阳的炙热，更能体会到西班牙居民的热情。西班牙阳光海岸更是深受旅游者喜爱，享有"世界六大完美海滩之一"的美誉，成为西班牙四大旅游区之一。该海岸长达

200多公里，连接了近百个中小城镇，使得原先人迹罕至的沿线村落现已发展成为旅游者络绎不绝的旅游目的地。西班牙沿线海滩也成了旅游者，尤其是西班牙女性健身的好去处。沙滩也成了一个露天健身房，使那些不满足于只晒日光浴的旅游者有了新的旅游活动。沿岸城镇为了更好地吸引旅游者，在建筑风格上更是不拘一格，在突出小镇特色的同时，保持与环境和景色的呼应，琳琅满目的建筑不仅没让旅游者感到任何违和感，反而加深了旅游者的旅游体验和旅游印象。

法国海岸，可谓"蔚蓝海岸"，以灿烂的阳光、蓝色的海岸和宜人的气候著称于世，主要以"地中海老港口"马赛、"欧洲影都"戛纳和"海岸明珠"尼斯为主。马赛的灵魂和精华所在就是它的老港，这里藏存着当地人悠远的感情，也是马赛发展所围绕的中心，最地道的餐厅、最老派的商店和无数古迹都汇聚于此。戛纳这座休闲度假的小镇凭借着一年一度的戛纳国际电影节闻名于世，是一座极富艺术和浪漫气息的小镇。尼斯凭借着独特的地理位置，连接着蔚蓝的地中海和巍峨的阿尔卑斯山，成为欧洲乃至全世界最具魅力的海滨度假胜地之一。法国这一时尚浪漫的国度，每年引得大批旅游者前来观光游玩。在蔚蓝海岸，旅游者可以交替体验慵懒的乐趣和在海上游泳或出游的快乐，同时蔚蓝海岸也为慕名而来的旅游者准备了特色美食和节庆活动，如美食有马赛的标志性菜肴"马赛鱼汤"、尼斯的沙拉等，节庆活动有金合欢花节、尼斯狂欢节和夏季烟花燃放活动等，使旅游者为旅游涂抹上节日的色彩。

意大利海岸，像一只优美的长筒靴，安静地躺在地中海海域，海岸线长约700万米。值得一提的是热那亚，意大利最大商港和重要工业中心，利古里亚大区和同名省热那亚省的首府。位于意大利西北部，利古里亚海热那亚湾北岸。热那亚历史悠久，曾是海洋霸主热那亚共和国的首都，

2004年热那亚被选为当年的"欧洲文化首都"。热那亚还是著名航海家克里斯托弗·哥伦布和小提琴大师尼科罗·帕格尼尼的家乡。热那亚及其所在的利古里亚海岸沿岸为著名旅游胜地。

希腊海岸，拥有着长约1.5万公里的海岸线，3000多个岛屿坐落其中。雅典作为希腊的首都和最大的城市，自然成为希腊最受欢迎的旅游目的地。如今的雅典不仅是国际大都市，更是整个世界最古老的城市之一，被誉为"西方文明的摇篮"，遗留着大量遗址遗迹和艺术瑰宝，诞生过苏格拉底、柏拉图等一大批历史伟人，也是现代奥运会的起源地，这些都为雅典积淀了丰富的旅游资源。同时，雅典地理位置优越，三面环山，一面临海，属亚热带地中海气候，冬季气候温暖湿润，却几乎年年都能看到雪。

北非海岸，主要由突尼斯、阿尔及尔和亚历山大构成，可以看出，基本囊括了地中海南部海岸。阿尔及尔是阿尔及利亚的首都，海岸线长达29公里，由于终年绿草如茵、林木茂盛、花开不断，近处郁郁葱葱，远处水天相接，景色优美迷人，素有"花园城市"之称，加之城内名胜古迹众多，对世界各地的游客颇具吸引力，使这里成为北非地区的一处旅游胜地。突尼斯城与国家同名，是突尼斯共和国的首都，坐落在地中海突尼斯湾西岸的一个湖的顶端，湾、湖之间，隔着一条天然沙堤，中部开有缺口相通。这座由充满阿拉伯风情的旧城和欧化新城合璧的都城的建筑物大多为乳白色，掩映在枣椰树、棕榈树和橄榄树的绿荫中，犹如漂浮在地中海上的白莲。亚历山大是埃及第二大城市和最大港口，同时也是古希腊文化的中心，是当时世界上最大的犹太人城市，更有著名的亚历山大图书馆和世界七大奇迹之一的亚历山大灯塔。

（2）旅游发展的重要驱动因素

地中海海岸沿线地区依据休闲化、大众化、生态化和国际化等标准，充分发挥自身地方特色和自然资源,抓住旅游者心理,开展适宜的旅游活动。可将推动旅游业发展的重要驱动因素大致归为区位交通因素、思想观念因素和地区特色因素三种。

区位交通因素,地中海作为欧、亚、非三大洲中间的陆间海,属特有的地中海气候,完全具有海洋的性质,同时又具有湖水的平静,极大增强了周边地区的可进入性,也为出游航海提供了极大的安全保障。地中海海岸沿线地区也极其注重交通设施的建设与完善,周边著名的海岛度假旅游区(如希腊克里特岛和马耳他岛),基本上都有设置专门为飞机停靠的空港和固定的航班安排[①]。某些没有引进航空设施的海岛,都会安排固定的游船或邮轮以供游客选择。地中海区域邮轮经济已经进入相对成熟的阶段,各码头交通服务设施也相对完善,大型邮轮穿梭其中,且具有良好的稳定性和舒适性,游客可在邮轮里进行休闲娱乐活动。

思想观念因素,地中海地区旅游发展理念先进,早已将休闲度假视为社会需求不可或缺的一部分。在旅游业规划时,不仅注重投资回报率,更是将公共设施或公益事业建设做到了极致;不仅政府、企业重视对旅游业的投资建设,民众更是主动加入对旅游业的创建,使旅游基础设施和景观建设都相对完善,旅游度假区更是成为当地居民休闲娱乐的主要活动场所,如西班牙的巴利阿里群岛[②],将"以人为本"作为建设理念,即使是简单的道路、绿地和海湾,都能营造出一种自然、整洁、轻松的氛围,使来往游客怡然自得。

地区特色因素,地中海地区因地制宜,不仅满足了旅游者"食、住、

---

① 江海旭.地中海地区海岛旅游开发经验及启示[D].大连:辽宁师范大学,2011.
② Julio Batle.Rethinking Tourism in the Balearic Islands[J].Annals of TourismResearch,2000(2):524-526.

行、游、购、娱"六方面的基础需求，还进一步开展了若干专题旅游。依据各岛或各地区的环境和文化的特点，安排相对适宜的旅游活动。如根据梅诺卡岛宁静舒适的特点，开发以家庭为单位的度假型旅游活动，旅游者不仅能够感受沙滩和海水，还能登山眺望和温泉疗养；帕尔玛市依托其遗迹众多、文化深厚的特点，定期举办具有地方传统风采的演艺表演，还经常通过开办展览来与演出进行搭配。在突出各地特色的同时，又很好地拉开了高低档的层次。有的小岛专门走高端线路，依靠自身经济和交通条件，建设豪华型度假酒店；而有的小岛以原生态为特色，保持着最原始的交通工具和普通的民家住房，没有城市污染，给游客带来一种别样的体验，用最朴实的事物，渲染出最独特的色彩。

（3）大型线性空间的凝聚因素分析

以地中海为中心，沿海地区已经形成了较为完善的大型线性旅游空间，现已成为世界著名的海岛休闲旅游目的地，而地中海沿线旅游业凝聚的因素大体可归为以下三个方面。

第一，重视旅游业发展，具有先进的发展理念和发展机制。地中海海岸沿线地区在发展旅游业时，及早地从思想上认识到了经济社会的发展不能仅局限于单一产品的价值或附加值上，而是要更多地聚焦于城市功能增强、产业结构调整、自然生态保护和富民乐民等方面，要更加全面地满足人民的需求，提高人民的物质和精神层次。同时，沿线地区非常注重对旅游业的开发和利用，将旅游业与社会经济相融合，形成了多种产业与旅游业共同发展、携手并进的融合发展机制。

第二，重视旅游市场和旅游产品，合理利用旅游资源。地中海海岸沿线地区恰到好处地将旅游资源价值转化成了旅游市场价值，以市场需求为导向，创新旅游产品和旅游形式，挖掘地方独有的特色文化，为各海岛量身定制符合自身特色的旅游吸引物，让旅游业拥有持久旺盛的生命力。同时，巧妙地借助当地节庆，营造兴旺的氛围感，让旅游者们很快便与他人熟络起来，一起欢度美好的节日。通过发展会议展览专题旅游，很好地解决了旅游的季节性问题，让地中海海岸旅游淡季时也能吸引到有特殊需求的旅游者。

第三，重视环境保护，坚持维护自然生态资源可持续发展。地中海海岸坚持低碳环保可持续的发展原则，在建设发展时，将高低档层次区分开来，很好地保留了一些岛屿的原生态，没有为了旅游业而大肆开发利用，而是借助其原本的事物来打造旅游业，给旅游者带来不一样的感觉。面对古城堡这一类遗址遗迹，始终遵守原貌修复、修旧如旧的原则，更好地保护和修复历史古迹。针对海洋和沙滩的质量维护，保障往来游客自身安全和健康，西班牙专门实施欧盟制订的"蓝旗计划"，使各方面建设都有了具体的依照标准，很好地维护区域自然生态环境。

2. 阿尔卑斯地区

（1）基本情况

阿尔卑斯地区主要是指阿尔卑斯山脉及周边国家。阿尔卑斯山脉是欧洲地区最高山脉，号称"大自然的宫殿"和"真正的地貌陈列馆"，位于欧洲中南部，自南边"地中海海岸法国尼斯"延伸到北边"日内瓦湖"，再继续向东北边延伸至"维也纳"，沿途经过法国、瑞士、列支敦士登、意大利、德国和奥地利等国家。该山脉平均海拔 3000 米左右，其中有 82 座山峰海拔高于 4000 米，也正因为山峰的高、险和寒，外加沿途迷人的景色，使之成为冰雪旅游的胜地、探险者们的乐园。

阿尔卑斯山冬季大雪纷飞、银装素裹、身穿白衣，是冰雪爱好者的运动天堂；春夏季褪去白衣、百花齐放、山间清泉，是登山爱好者的徒步乐园。每年的 11 月至次年 3 月，是阿尔卑斯山最佳的滑雪时期，大部分滑雪胜地也都会选择从 10 月至 11 月陆续营业到次年的 4 月底。生活在阿尔卑斯地区的人们早已将冰雪运动视为日常生活的一部分，冬季奥运会也是源于阿尔卑斯山脉。阿尔卑斯山还是登山运动的起源地，于是登山运动的别称为"阿尔卑斯运动"。为了给登山爱好者提供徒步旅行的条件，阿尔卑斯山脉上部分山峰的峰顶建有游客驿站，这些驿站不仅能让游客进行适当的休息，还是游客的最佳眺望台。同时游客有可能欣赏到"阿尔卑斯之光"，这种光是由于一些山峰内的白云石富含着某些奇特的矿物质，导致在阳光的照耀下，散发出美丽的红色光芒，极具观赏和纪念价值。

阿尔卑斯地区不仅能够做登山和冰雪运动来加强体魄，还能够泡温泉来舒缓身心的疲倦。洛伊克巴德是阿尔卑斯著名的温泉疗养旅游胜地，主要以大众温泉中心和现代化阿尔卑斯温泉中心为主。该温泉城市从罗马时代发展至今，吸引了众多游客来访，其中大家熟知的歌德、莫泊桑和维姆佩尔等人也曾拜访过这座城市[1]。阿尔卑斯山脉借助自身庞大的身躯和高耸的海拔，拥有着多种小气候区域，加上气温受海拔的影响，为动植物多样性发展提供了丰富的空间和条件，极具保育和探险价值。

阿尔卑斯地区是欧洲旅游中心地带，被大国环绕的同时，还拥有着风格各异的特色"小国"，为旅游多元性和国际化发展奠定了坚实基础。阿尔卑斯山是奥地利国家的重要组成部分，境内山区面积占整个国土面积的 65%。德国巴伐利亚州境内坐落着巴伐利亚阿尔卑斯山（阿尔卑斯山脉东

---

[1] 洛伊克巴德温泉［EB/OL］. https://baike.baidu.com/item/%E6%B4%9B%E4%BC%8A%E5%85%8B%E5%B7%B4%E5%BE%B7%E6%B8%A9%E6%B3%89/400418?fr=aladdin.

段北麓），从地势上看，山区覆盖了整个巴伐利亚州[①]。显然，阿尔卑斯山在千百年的自然演变中，形成了庞大且横跨多个国家的山脉，成为多个国家的"界山"，各文化和族群的交融之所。阿尔卑斯山的旅游发展也更离不开各个国家的相互协商、合作共进。

（2）旅游发展阶段

整体来看，阿尔卑斯地区是整个欧洲大陆旅游业发展相对成功的区域。自该地区旅游业发展以来，可大致分为三个阶段：早期探索阶段、中期成长阶段和后期可持续发展阶段。

初期阶段：小规模旅游探索阶段

早期，阿尔卑斯山受当地气候条件和地形地势的影响，不利于发展农业经济，但农业发展仍是当时山区居民重要的经济收入来源。只有少数的王公贵族会选择到山区进行休养和避暑，奥地利皇帝费朗茨·约瑟夫曾在巴德伊舍建造了闻名的夏宫，这时的山区还没有开始发展旅游业，居民的旅游意识还有待挖掘。

后来，当地居民发现农业发展之路实在走不通，难以维持正常的生活生计，青年人逐渐外流，开始走出山区，尤其是偏远山区的人群流失严重。于是，地区政府开始寻求新的发展路径，将旅游业视作增加就业机会和补充收入来源的一种新的方式。在政府和政策的推动下，山区农民开始从事高山旅游服务，并将其与传统农业相结合，为到访的游客提供饭食和简单住宿，这就开启了阿尔卑斯地区传统的家庭小规模旅游业的模式。

早期的旅游者以社会精英和王公贵族为主，这部分群体相对有闲有钱，更加注重精神生活上的充实，在他们的组织和发动下，以高山探险旅

[①] 黄肖昱，沈辰成.德、奥两国合作开发阿尔卑斯山区旅游［J］.经济社会史评论，2018（2）：96-102+128.

游为主的阿尔卑斯山区旅游业开始逐渐发展壮大（见表5-1）。19世纪欧洲开始工业化进程，增添了中层阶级的收入和闲余时间，推动了铁路交通的发展，加强了登山探险的装备及安全系数，使得阿尔卑斯山山地旅游取得进一步发展。但随着二战的爆发，阿尔卑斯地区旅游业受到了重创。

表5-1 早期阿尔卑斯地区旅游业发展历程

时间	事件
1855年	巴伐利亚出版第一本有关阿尔卑斯山旅游导刊书
1860年	奥地利芬特，弗朗茨·塞恩神父最早提出发展阿尔卑斯山旅游业
1862年	三名维也纳大学生成立奥地利阿尔卑斯山俱乐部
1869年	慕尼黑组织德意志阿尔卑斯山俱乐部
1873年	德奥两国俱乐部合并
1870—1879年	铁路通到阿尔卑斯山，温泉医疗开始在瑞士和奥地利等地流行，滑雪运动被引入
1924年	第一届冬季奥运会在阿尔卑斯山法国境内夏慕尼山谷举办
1920—1929年	因斯布鲁克和基茨比厄尔率先在奥地利安装滑雪缆车

中期阶段：大众旅游成长阶段

二战结束后，阿尔卑斯地区旅游业进入迅速恢复成长阶段。各国纷纷重建旅游业，开始投资建设旅游住宿和旅游游客中心，注重旅游基础设施的质量和投放等。其中，瑞士直到1950年均处于阿尔卑斯山旅游业发展的优势地位[1]。阿尔卑斯地区旅游业的发展也在各国政府和政策双重支持下得到快速发展，进入大众旅游的新模式。

早期由于装备欠缺和安全系数低等问题，阿尔卑斯地区旅游业发展的

---

[1] 曾婷，阿尔卑斯山脉旅游发展探析［EB/OL］. https://wenku.baidu.com/view/1e540cd533d4b14e852468e1.html.

重心更偏向于夏季旅游，但随着社会的发展进步，游客自身安全问题得到了相应的保障，同时具备了以滑雪为中心的冰雪运动的条件，旅游业发展的重心便向冬季旅游倾斜。滑雪运动也逐渐规范化、普及化和标准化[①]。为了推动高山滑雪运动的发展，滑雪运动逐渐渗透进军事训练，成为雪上作战的一种助力，并开设专门的滑雪教育培训机构或学校，制定相应的滑雪课程教学体系和滑雪教练培训体系，培养大众的滑雪能力，使得滑雪运动得到广泛普及，成为人们生活的一项新型技能。

这一阶段阿尔卑斯地区的旅游业发展开始呈现出多元化和专业化的特征，旅游活动不再是单一的表现方式，旅游项目和市场开始进行初步细分，主要划分为夏季项目（徒步登山、游泳运动和划船戏水）和冬季项目（高山滑雪）。各区域的旅游特色也逐渐展现，形成自身独有的旅游吸引力，如纽施蒂夫特将"冰川"打造为自身特色，卡普伦则以"湖泊"作为自身旅游吸引物[②]。

后期阶段：区域可持续发展阶段

阿尔卑斯地区旅游业经过恢复成长阶段，进一步踏入可持续发展阶段。通过成长阶段各国政府对滑雪运动的普及，阿尔卑斯地区的滑雪场也逐渐步入成熟时期。但阿尔卑斯地区滑雪场的经营发展均依赖于阿尔卑斯山的自然资源和条件，各滑雪场之间存在着相对竞争又合作的关系，为了地区旅游资源适度应用和旅游业可持续发展，各国政府及相关利益共同体，积极推进阿尔卑斯地区滑雪场联盟的发展，使得这一阶段各国之间的

---

① 叶茂盛，刘波，王福秋，等.阿尔卑斯地区滑雪场的发展历程与启示［J］.沈阳体育学院学报，2020，39（5）：9.

② 2005—2006年，欧洲学术界对阿尔卑斯山脉的地名进行了重新整理，提出了巴伐利亚阿尔卑斯山的概念，"La Suddivisione orografica internazionale unificata del Sistema Alpino"（SOIUSA），http://www.fioridimontagna.it/it/soiusa/Artic-11p-Atl Or Alpi-SOIUSA.pdf，2017-06-16.

纽带关系进一步加强。各国都相继出台发展旅游业的政策法规，搭建起各国连通的交通网络。各滑雪场也合作发展，制定出"合纵连横"的经营战略，连接彼此间往来的通道。同时，在生态保护方面，阿尔卑斯地区各国也颁布和启动了相应的法规和措施，并于1991年与其他欧盟国家签署了《阿尔卑斯山公约》，是欧洲大陆首个保护山区的国际公约。后续实施过程中，为更好地履行公约，正式成立了"年度阿尔卑斯山小城镇协会"，参评的小城镇需至少实施2个可持续发展项目[①]。这一做法不仅促进了区域可持续发展，还激发了大众的创新实践能力。

为了提升区域旅游竞争力，阿尔卑斯地区各国家开始注重旅游服务的质量，使滑雪场服务成为旅游市场的一大卖点。法国首创设立了地中海俱乐部，这是第一个"一站式"度假服务平台，它将原本分散烦琐的旅游服务（如餐饮、住宿、滑雪运动和休闲度假等）整合在一起，为游客提供了极大的便利，有效提升了游客的旅游体验感。法国这次创新，使其脱颖而出，引得全球的滑雪者纷纷慕名而来，成功晋升为20世纪60年代全球闻名的旅游胜地。意大利等其他国家也开始借鉴法国的成功经验，迅速聚焦于滑雪旅游服务上，努力升级整体旅游服务质量。

（3）大型线性空间的凝聚因素分析

阿尔卑斯山是欧洲最为重要的旅游资源之一，现在整体地区已经形成较为完善的冰雪运动旅游产业链[②]，从空间形态上看，彼此间相互促进和制约，共同构建出阿尔卑斯地区大型线性旅游空间结构。在其整个发展历程中，这种由单一走向多元、由局部走向整体的变化可归为以下三个

---

① 陈宇琳.阿尔卑斯山地区的政策演变及瑞士经验评述与启示[J].国际城市规划，2007（6）：63-68.

② 冯凌，王金伟，刘乙.中国冬奥旅游发展战略与布局[M].北京：经济管理出版社，2021：35.

原因。

第一，重视培训教育，与实践相结合，迅速普及大众。在滑雪运动并不为大众所知的时候，阿尔卑斯地区各政府采取专门培训教育的方式，成立滑雪培训机构或学院，让公众逐渐认识和接触滑雪这一新型项目。同时，结合当时社会的实际情况，在二战即将到来的国际背景下，建设相应的滑雪培训军事学校，将滑雪运动引入军事化训练，使滑雪成为冰上作战的一种武器。在正式的培训教育下，滑雪运动得到快速发展，获得了公众的认同，成了各国居民新的生活技能。

第二，注重创新发展，挖掘市场潜力，拓宽旅游途径。阿尔卑斯地区在发展历程中，非常注重增强其自身旅游吸引力和竞争力，不断进行改革创新，走在世界各地区旅游业发展的前列。前期由于旅游业具有较强的季节性，导致游客往来的时间相对集中，游客体验感相对较差。各政府为改善这种情况，开始引导和开拓新型旅游项目，如开办农家度假、欢度节日庆典和享受温泉之旅等，成功降低了游客密度，达到了分流的效果。

第三，加强国际合作，合理共享资源，促进绿色发展。阿尔卑斯地区旅游业的发展，离不开各国之间的交流与合作。由于边界问题，各国之间难免会产生一些摩擦，但在整体发展过程中，各国之间化隔阂为合作，打破空间壁垒，出台相应的政策法规，并落地实施。将阿尔卑斯山分散的滑雪场和旅游设施整合起来，连接成线，打通了整个地区的旅游交通线路，为游客在出行和选择方面带来了极大的便利。同时，合作发展使阿尔卑斯山旅游资源得到了良性循环，各旅游经营场所也能够友好互动，避免了恶性竞争的发生，使阿尔卑斯地区旅游业走上绿色可持续发展道路。

二、国内案例

1. 海南（以三亚为中心的海岸带）

（1）基本情况

海南岛过去由于交通、经济等客观条件，开发相对较晚。在资源方面，海南同时兼具了"蓝色"和"绿色"两大类旅游资源[1]。蓝色旅游资源主要是指海洋（包括阳光、沙滩和海鲜等），绿色旅游资源主要是指四季常春的热带雨林和热带植被及动植物。正因为海南岛整体身处在蓝色海洋中，沿岸海岸线长达1823公里，外加海岸带周边风景秀美、气候宜人，还兼备历史悠久的人文景观与线性自然景观资源，每年来此休闲度假的游客络绎不绝，成为当之无愧的旅游胜地。海南岛的海岸主要划分为4大类型（砂质海岸、基岩海岸、红树林海岸和珊瑚礁海岸）[2]，其中砂质海岸和珊瑚礁海岸与基岩海岸总是伴随出现。根据海南岛的整体线路划分，可以划分为三条线路——东线、西线和中线，三条线都是以海口和三亚为起点和终点。海口—文昌—琼海—万宁—陵水—三亚这条线为东线，海口—儋州—东方—三亚这条线为西线，海口—屯昌—琼中—五指山—保亭—三亚为中线。

东西海岸由东海岸和西海岸共同组成。其中东海岸是指东线这一片区的海岸，西海岸则是指西线那一片区的海岸。东海岸依托其优渥的自然条件和特殊的政治地位[3]，一直备受关注，各方面发展基本早于且优于西海岸

---

[1] 辛建荣，唐惠良，陈水雄.海南海岸带旅游开发及环境问题与可持续发展[J].热带农业科学，2011，31（9）：82-86.
[2] 吴传钧，蔡清泉.中国海岸带土地利用[M].北京：海洋出版社，1993：233-247.
[3] 王鑫.海南岛东西海岸传统聚落景观空间形态比较分析[D].海口：海南大学，2019.

的发展与建设，同时对西海岸的发展具有一定的影响和借鉴作用。

海南东海岸属于南海海域，海水清澈、沙子细软、海风清爽，且降雨量较西部海岸充沛，导致热带植被相对茂盛，种类相对多样，为旅游开发提供了优良的自然生态条件和环境。在发展过程中，也逐渐形成了相互衔接、相互作用的旅游线路，使得各个城市和湾区连接成线，成为一体的旅游空间。海口是海南的省会城市，别名为"椰城"，地处热带区域，拥有丰富的热带资源和悠久的历史文化资源，是一座富有海滨自然旖旎风光的南方滨海城市。文昌，是月亮湾和高隆湾（高龙湾）的所在地，古时候称为"紫贝"，三面临海，属热带季风岛屿型气候，是海南三大历史古邑之一。琼海，是博鳌湾的所在地，别名为"琼东"，属热带海洋性季风气候，是闽南民系城市之一、通行闽南语海南话。万宁，是石梅湾和日月湾的所在地，也属热带海洋性季风气候，有"海南第一山"东山岭、兴隆热带植物园等景点。陵水黎族自治县是香水湾和清水湾的所在地，属热带季风岛屿型气候，是国家海洋经济发展示范区。三亚是海棠湾、亚龙湾和三亚湾的所在地，别名为"鹿城"，属热带海洋性季风气候，是具有热带海滨风景特色的国际旅游城市，还被人们称赞为"东方的夏威夷"。虽然各个海湾都地处海南岛的东部地区，但也都具备着自身独有的吸引力和魅力，拥有独特的景色风光（见表5-2）。

表5-2 海南东部海湾

名称	基本情况
月亮湾	海南最美十条海湾之一，全长约11公里，这里的海防林可以说是海南省最宽、保存最完好的海防林之一
高隆湾	海南著名旅游风景区，三大城市湾区之一，主要由高隆湾和白金海岸组成，面临浩瀚南海，风平浪缓，水洁沙白，海岸椰林成带，风景秀丽，四季常春，水温宜人

续表

名称	基本情况
博鳌湾	占据三江入海口（万泉河、九曲江、龙滚河）的鳌头位置，东面向海、南面临河，独享"海河双景"资源
石梅湾	海南东南海岸线旅游中心区，30平方公里范围内分布有海南兴隆侨乡国家森林公园、兴隆温泉、兴隆热带花园、兴隆热带植物园、太阳河等景区
日月湾	中国著名冲浪胜地，拥有高质量定点浪型和沙滩浪型的海域之一，这里水质清澈，海水年平均温度在26.5℃，全年都适宜冲浪
香水湾	全长约7000米，大部分为银白色洁净沙滩，拥有2座高尔夫球场，平均海岸景观线占有率为海南首位
清水湾	海岸线长约12公里，海水质量达国家一类海洋水质标准，能见度高达25米，是世界顶级天然海滨浴场，海沙细腻，被誉为"会唱歌的沙滩"
海棠湾	与亚龙湾、大东海相比，这里相对沉寂，还没有染上城市的喧嚣与繁闹，环境资源保存完好
亚龙湾	海南三亚东郊的优质热带海滨风景区，海水透亮，可观赏珊瑚，并展多种水上和水下活动，海底成了当地的旅游核心
三亚湾	全长约为22公里，湾长沙细，岸边绿树成荫，构成三亚滨海旅游城市美丽动人的风景线

海南西海岸由于发展较晚，各方面的理论研究和实践保护都远远不及东海岸，也正因为长时期缺乏系统正规的保护和规划，导致当地居民生态环保意识和文化保护意识薄弱，使得传统聚落的分布格局和原始建筑都遭受了一定程度上不可逆的损害，让一些原有的价值就此流失。但随着政府和学者对西海岸的开发与重视，越来越多的游客开始涉足西海岸，西海岸也逐渐形成有体系的旅游带状空间。在西海岸，可以登上解放海南岛的登陆点"临高角"，欣赏海南最大的水库"松涛水库"，畅游儋州的海南热带植物园及蓝洋温泉和昌江县的海边沙漠"棋子湾"等景区景点。还有专门的西海岸旅游度假区，里面建设有高尔夫球场、热带雨林博览园、假日海滩和星级度假酒店等设施，已经形成规模化功能性旅游度假区。

（2）旅游发展的重要驱动因素

海南岛一直都是游客心目中最理想的旅游目的地之一，东西海岸更是为海南岛疏通了整体的旅游线路，为游客提供了更加全面和多样化的旅游选择。根据不同区域或海湾的特点，发展出了相互互补和具有个性的旅游活动，同时，有针对性地满足了各类游客（度假休闲类、出差办公类、疗养生息类和水上运动类等游客）的出行需求。海南岛旅游业整体发展历程中，可将海南东西海岸旅游带状空间形成的驱动因素归为政策驱动、创新驱动和资源驱动三类。

政策驱动，海南东西海岸旅游带的发展顺应时代号召，积极响应国家政策，在多方面都走在其他城市前面，是政策的先行者和探索者。也正是因为政策的加持，海南受到了各界的高度关注，拥有很好的发展条件和基础设施。同时，海南顺势发挥其政策优势，建设有特色的旅游吸引物，推动旅游产业向更高水平发展。如借助自由贸易港政策的开放优势，构建国际旅游消费中心，通过免税政策拉动游客的消费，释放以国内大循环为主体的旅游消费活力[1]，并与国际接轨，形成高质量一体化的旅游发展格局。

创新驱动，海南东西海岸旅游带在整体发展过程中，一直坚守创新创意的原则，发展特色旅游项目和旅游线路，持续制造新的热点和亮点，提升旅游的吸引力和重游率。如海南打造了一批富有海南特色的"十大旅游产品"，并进行有机组合，针对这十大旅游产品搭配出适宜的旅游线路（滨海度假游、探险体验游、海岛挥杆游、热带雨林游、田园休闲游、温

---

[1] 毕普云.海南旅游消费现状、影响因素与对策建议——基于新发展格局视角[J].南海学刊，2021，7（3）：31-38.

泉康养游等）[①]，使其整合成一套有体系有针对性的组合套餐，为游客提供了更加多元和直观的旅游产品，帮助游客有效地安排了出游行程，极大地增强了游客的旅游体验感和舒适感。

资源驱动，海南东西海岸旅游业发展自然离不开资源的支撑。海南岛的"水光热"资源十分丰富，四面临海，被岛屿和海水环绕着，海岸带和近岸海域的日照量相当充足，远高于我国其他沿海区域。周边的海岸曲折延绵，港湾众多，为游客提供了更多的选择。同时，海南的热带滨海旅游资源独特丰富，有着别的沿海地区不可及的优势，成为我国冬季避寒冬泳的理想之地[②]。

（3）大型线性空间的凝聚因素分析

海南岛是我国的一座热带小岛，拥有与大陆有别的热带季风性海洋气候，深受内陆人的欢迎和喜爱，利用其政策和资源等优势，逐渐形成类别多样、线路互通的组合型旅游产品，一定程度上打破了空间的界限，使海南岛形成一体化的线性旅游空间。在这一过程中，可将海南东西海岸沿岸旅游业凝聚成形的因素大体归为以下三个方面。

第一，立足自身特点，发挥资源优势。海南岛区位条件特殊，四面环海，拥有优质的海洋资源；气候独特，拥有珍奇的热带雨林资源。并且与我国经济发达城市（香港、澳门和广东）距离较近，同时还位于东南亚经济圈内，地处西太平洋的中心，使得与国内和国际交流都相对便捷，加上对自身资源合理的开发和利用，极大地增强了旅游吸引力。

第二，注重创新发展，打造旅游品牌。海南岛在发展旅游业的过程

[①] 魏小丹.海南省旅游发展现状分析［D］.海口：海南经贸职业技术学院，2020.
[②] 陈春福.海南省海岸带和海洋资源与环境问题及对策研究［J］.海洋通报，2002（2）：62-68.

中，很注重对品牌的打造，在建立旅游品牌时，将时代要素与文化要素相结合，使品牌在更加贴合旅游者需求的同时，具有象征地方特色的代表性意义，增加游客的记忆点和产品的卖点，使得游客在一有这方面需求的时候，脑海中会呈现出该旅游产品的画面。现阶段海南岛已经打造出三亚、海口两地开通的至越南、菲律宾航线的邮轮旅游以及西沙邮轮旅游、陵水的香水湾等地的冲浪旅游和海南热带雨林"绿色生态文化"的综合性主题景区等具有海南特色品牌的旅游产品，吸引了大批旅游者前来旅游度假。

第三，组合旅游产品，搭建旅游线路。海南岛根据自身特点挖掘出了其他旅游目的地不可替代和复制的旅游资源和旅游产品，具有一定程度的稀缺性，使其在旅游业市场中具有较强的竞争力和游客吸引力。并且通过与地方文化和环境相结合，打造出的旅游产品不仅能够传播文化和改善环境，还能够带动区域经济发展，提高当地居民生活水平，形成一种良性循环。同时，巧妙地结合各区域的优势，发展基调同步但类型多样的旅游产品，再通过合理的线路安排，形成区域一体化旅游带，打造出集休闲、探险、商务、疗养等于一体的旅游发展模式，推出"便捷高效、选择多样"的精品旅游线路。

2. 香格里拉黄金旅游线

（1）基本情况

在藏语中"香格里拉"意为"心中的日月"，表达了人们对和平宁静生活的向往。香格里拉这一名词于1933年在英国作家詹姆斯·希尔顿的小说《消失的地平线》中首次提出，作家在文中明确表示"香格里拉"是对美好事物的一种向往，地图上并不存在"香格里拉"这一地点。随着社会的发展和人们对香格里拉的热爱与追求，香格里拉也逐渐被赋予实体意义。目前，人们对香格里拉的认识和界定主要分为三个层次[①]，浅层次是指现香格里拉市（原中甸县）；中层次泛指西藏—云南—四川三省交界这一特殊区域；深层次囊括了喜马拉雅山脉北麓青藏高原（中国境内的西藏、青海、四川、云南等藏族人口聚居区），喜马拉雅山脉南麓的尼泊尔、不丹、印度、巴基斯坦等国家和地区。针对中层次的香格里拉，中国打造出了"香格里拉"旅游线路，是我国十大精品旅游线路之一。该路线蕴含着川滇藏各区域的民族文化和景观特色，形成了主要以连接"昆明—大理—丽江—迪庆"为主的核心旅游线路，同时向四川甘孜及西藏等区域延伸，深受国内外旅游者的喜爱。

滇西北区域形成了地方特色强烈的旅游资源系统[②]，如自然景观资源和人文景观资源。自然景观资源主要包含了峡谷峻岭景观（如虎跳峡）、山川冰雪景观（如梅里雪山）和清泉湖泊景观（如碧塔海）等；人文景观资源主要包含了各区域和各民族的地方民族文化、民俗民风和宗教信仰等，具有深厚的民族文化多样性，尤其是大理、丽江和迪庆三个区域的少数民族（白族、纳西族和藏族）已经构成类型多样、交融互动的体育文化生态和谐共处的发展传承体系。同时，滇西北区域还具有丰富多样的动植物资源，野生植物资源更是该区域最为重要的生物资源之一[③]，具有极高的观赏性价值。滇西北的自然景色就如同从希尔顿的小说中走出来一般，拥有

[①] 张祖群.香格里拉：概念界定、价值展现与可持续发展[J].地方文化研究辑刊，2020(2)：249-262.

[②] 骆华松、杨世瑜：《试论滇西北旅游开发中的几个问题》，《云南师范大学学报》2002年第34卷第3期，第109-112页.

[③] 孟锐、张丽荣、张启翔：《滇西北野生观赏植物资源受威胁因素及保护对策》，《湖北大学学报（自然科学版）》2011年第33卷第3期，第297-303页.

峡谷、雪山、森林、湖泊、草原和宗教等。这种典型的"香格里拉"状态下的自然与多民族多元化社会融合发展的模式，让世人将此认定为心中的"香格里拉"的所在地，也正是这样的独特魅力，受到了众多海内外游客的青睐。

中国"香格里拉"精品旅游线路从南到北的第一站是我国西部重要的中心城市之一——昆明，也是大家广而熟知的"春城"。在这里，人们可以感受四季如春的青春色彩，享受闲散舒适的生活气息。昆明这座城市有着悠久的历史文化，是我国著名的历史文化名城，拥有上千年的建城史和文明史。昆明不仅文化底蕴深厚，还具有浓厚的民族色彩，是我国多民族聚集的场所，在此地世代居住的少数民族包括回族、彝族、白族和哈尼族等25个民族。各民族都具有各自独特且深厚的民族特色、传统习俗和生活方式，同时，在长期的共同生活下，各民族之间也相互影响、相互促进，形成了民族互动、文化融合的多民族生活圈。在历史文化和民族色彩的加持下，昆明的旅游资源得到了极大的发展和促进，是我国十大旅游热点城市之一，打造出多条连接各景区的游旅线路，形成了集休闲、娱乐和生态保护于一体的旅游体系，使昆明的青山绿水得到了很好的保护和发展。

第二站是我国古代南诏国和大理国的都城——大理，曾是我国云南地区政治、经济和文化中心。大理的发展历史可以追溯到四千年以前，可谓是云南地区最早的文化发祥地之一。同时，云南省大理白族自治州还是中国第一批被誉为"十大魅力城市"的地区，并且位居第一，是一个以少数民族白族为重要主体的多民族汇聚地区，有着优越的地理位置，身处于枕山臂江的高原盆地，历年来都是陆路连接滇西八地州和通往东南亚的交通要冲。大理还具有丰富的旅游资源和矿产资源，旅游胜地散漫全市，更有我国自然文化双遗产"苍山自然和南诏文化遗存"，我国第二大矿"金宝山铂钯矿"也坐落于此,是大理石的盛产之地。优渥的生态环境也使生物多样性得到了极高的保护和孕育,让大理成了核桃、梅果和乳牛等动植物生存和繁衍的优质生活生产区。

  第三站是海内外著名的旅游城市——丽江,我国古代"南方丝绸之路"和"茶马古道"的关键交通要道。丽江地处大理和香格里拉的中间,坐居香格里拉旅游线路的中心位置,成为滇南滇北交通往来的重要区位。丽江这座享受盛名的旅游城市,不仅拥有多民族汇集的民族传统文化和各具特色的生活方式,还具备着不可多得的三大世界遗产,世界文化遗产"丽江古城"、世界自然遗产"三江并流"和世界记忆遗产"纳西族东巴古籍文献",是一座极富历史文化底蕴的城市,遗存着众多难以复制的古代智人的结晶。丽江在自然资源这一方面也具有极高的优势,动植物资源种类多样,生境良好,是我国重要的植物保护基地之一,森林覆盖率高达一半以上,保育着我国需要重点保护的珍稀濒危动植物,维护着生物多样性。

  第四站是我国滇川藏的交界地——香格里拉,由于人们对书中香格里拉美好生态和生活的向往,人们还亲切地将香格里拉称为"人间天堂"和"香巴拉"。香格里拉市地理位置独特,处于高海拔低纬度地带,由于气候受海拔的影响,导致在不同海拔的地区会产生不同的气候,香格里拉市随海拔升高依次产生了六个气候带,属于非常典型的"立体农业气候",大大增加了地区光水土地等各类资源的利用率,提高了农业生产的效率,解决了各类农作物抢占土地资源的问题,使得经济收益得到更好保障的同时,又促进了绿色生态保护可持续发展。香格里拉还具有丰富的水、矿产和生物资源,为当地发展积攒了足够的基础能源,也为往来的旅游者增添了极高的观赏价值,极大地加深了游客对大自然的认识和理解,让游客懂得了自然的伟大和奇特，增强了游客生态环保的生活意识。

（2）旅游发展模式

中国"香格里拉"精品旅游线路从昆明到香格里拉市之间的各个城市都已成为游客心中憧憬的旅游胜地，拥有着丰富多样的旅游资源，且彼此间互有差异，相互补充，无法替换，共同搭建起"香格里拉"旅游线路的景色风光，成为旅游市场的热点产品。同时，为了更全面地满足游客的差异化需求，为游客提供更佳的旅游体验，各城市也都形成了自身相对完善的旅游发展模式，以便游客能够更深层次感受当地人文和景观。

昆明模式——以"主题明确、寻求突破"为要求的发展模式。昆明市在旅游发展过程中，始终坚持围绕着昆明本身，极力打造"休闲昆明、养生昆明、体验昆明"的主题，将四季如春、阳光明媚的"春城"和多民族汇聚交融作为旅游市场的卖点，使当地旅游业能够充分发挥自然和人文旅游资源，突破旅游季节性的弊端。同时，不断创新，寻求新的发展方式，在原有的基础上实现升级，注入"以人为本"的观念，全方面以人为中心发展地方旅游业，做到人与旅游及自然和谐共生发展，相互促进、相互带动，达到一种动态平衡的良性循环。

大理模式——以"一核、两带、八片区"为空间布局的发展模式。大理在旅游业发展过程中，始终依照政府的主导和官方的决策，依托于山水和民族风情，根据各区域特色和实际情况将空间进行规划布局，以洱海保护与发展共进为核心，打造以洱海东面为主体的休闲度假旅游带和以洱海西面为主体的文化景观旅游带，构建以地方自然或文化景观特色为主的分区域式旅游观光游览区，使游客感受更加鲜明，更加容易辨别各地区或各民族之间的差异与特色，加深游客的旅游体验。

丽江模式——以"三高"（高起点、高要求、高质量）为标准的发展

第五章　国内外大型线性旅游空间案例研究

模式。丽江在旅游业发展过程中始终以"三高"的标准要求自己,在旅游发展总体规划中力求高起点、高标准和高质量的规划文本,以达到正确高效引导和管理旅游开发利用的目的,逐渐形成"政府—企业"型管理模式[1]。为充分展示自身特点和资源优势,将"一山(玉龙雪山)一城(丽江古城)一族(纳西族)"作为该地区的重点旅游开发区,使整体旅游区域形成一种"够全面、有重点"的旅游发展格局,让游客能够感受到区域发展的特点。

香格里拉模式——以"精准定位、区域融合"为方向的发展模式。香格里拉市,原中甸县,借助人们对"心中的日月"这片安静祥和的净土的向往,精准定位市场需求,为人们心中的"香格里拉"构筑实体,让人们有了心灵寄托之所,并顺势而行,与周边地区捆绑连接,共同发展,以达到优势互补、相互促进的效果。在开发运作过程中与国内先进高端技术接轨,借助高新科技的力量,促进旅游业全方位向更高水平发展,为游客留住"心中的日月"。

(3)大型线性空间的凝聚因素分析

中国"香格里拉"精品旅游线路,融合了各地具有区域代表性的特点,形成了优势互补、不可替代、风格独特的多样化旅游发展模式,将各地区之间的自然和文化资源有效地整合起来,搭建起空间和文化上的交融平台,使其凝聚成一体化的线性旅游空间。而这一线路的形成与发展在一定程度上得益于以下三方面的推动。

第一,面向国际,打造精品线路。"香格里拉"精品旅游线路以高标准要求自身,将国内外游客均视为自身的目标市场,打造与国际相匹配的

---

[1] 张建雄:《滇西北旅游资源开发三大模式比较分析》,《旅游学刊》2002年第5期,第49-53页.

精品线路，充分利用世界自然和文化的"双遗产"品牌优势，全方位发展和提升旅游基础设施、旅游特色纪念品和旅游服务管理水平等，为中国"香格里拉"整体旅游区域增添一张世界级旅游品牌的国际名片，瞬间使名声享誉全球，引得大量来自海内外的旅游者前来观光游览。

第二，整合资源，实现优势互补。中国"香格里拉"相关各城市在旅游发展方面，破除了地区限制，摒弃了狭隘的地区观念，遵循"联合互动、资源整合、优势互补"的原则，创新制定整体共同发展的运行体制机制，创造彼此间无障碍无壁垒的旅游休闲度假区，增强与周边地区的区域合作，凝聚彼此的旅游吸引力，形成一个更强大的合力，产生互惠共赢的旅游发展新空间，构建保护范围更广、保护力度更强的多民族旅游区。

第三，生态优先，维护绿色空间。绿色生态资源是旅游业发展不可或缺的部分，良好的环境、清新的空气会给旅游者带来舒适的感受，在发展过程中，要始终将生态保护放在第一位。"香格里拉"代表着"心中的日月"，对生态和自然环境有着较高的要求，在建设方面始终以加强生态环境和资源保护为开发准则，并在此基础上，实现自然生态与旅游经济和谐发展，创建"中国香格里拉生态旅游区"，形成绿色低碳可持续的经济型旅游发展模式。

3. 渤海湾西岸

（1）基本情况

渤海海域是中国最北边的近海，也是一个呈"C"字形近封闭的内海，主要由辽东湾、渤海湾、莱州湾、中央海盆和渤海海峡五部分组成。渤海湾主要是指渤海的西部海域，是渤海海域的三大海湾之一。该海湾海底地势较为平坦，由边缘向中央逐步加深，平均水域深度为12.5米，在长期地质运动和自然演变的推动下，形成了凹型湖盆地势。又在海水潮起潮落的作用下，为海湾的西部沿岸留下了泥炭层和贝壳堤，这些遗存的地质地貌无疑是宝贵的文化旅游资源，具有极高的科研和观赏价值，为探索地质的发展和演变提供了参考和借鉴。由于该海湾深度较浅，周遭基本为浅海滩涂，并与众多的河流、湖泊、池塘和河口相通，形成了具有独特景观的湿地地貌和环境优良的自然生态，深受动植物（尤其是鸟类）的喜爱。渤海湾水鸟资源十分丰富，不仅鸟类的品种多样、数量丰富，而且是珍稀濒临灭绝物种常出现的场所，已成为中国东部地区最为重要的湿地水鸟分布区。

渤海湾西岸，主要是指渤海湾的西部沿岸地区，大致包括河北和天津区域，其中天津市镶在河北省的中间，将河北省沿岸的海岸线一分为二，南边以歧口村为津冀的分界处，北边则以唐山市丰南区涧河口西刘合庄为津冀的分界处。渤海湾西部地区借助渤海海域在自然演变下形成的特殊地质和独特景观，进行合理的开发与利用，在沿线周边区域发展文化旅游产业带，形成了以戴河为界线的北戴河、南戴河和东戴河旅游度假区域。

北戴河是三个旅游度假区中发展较早也较为成熟的区域，早在19世纪末就被清政府设批为"允许海内外人士杂居"的海浴和休闲避暑胜地[1]，曾有近七十个国家的旅游者来此进行休闲度假[2]。中华人民共和国成立之后，北戴河一度被作为党和国家领导人夏季时期的办公场所和国家英雄与杰出人物进行疗养的休憩场所。此时由于大战刚过，全国人民都需要进行疗养和恢复，各级政府和部门也都顺应社会的需求，在北戴河这一生态良好、资源丰富的地区，建设起疗养院，并引进先进的医疗康复设备以供客

---

[1] 袁省. 北戴河滨海旅游发展演化机理与动力机制研究 [D]. 秦皇岛：燕山大学，2012.
[2] 郝勇，范君晖. 系统工程方法与应用 [M]. 北京：科学出版社，2007：15-20.

户使用，使北戴河区成为当时国内技术最前端、占地面积最大的避暑疗养基地，也使北戴河区成为中国名副其实的"夏都"。但这一时期的旅游发展主要依赖于当地原始的自然生态资源，还没有形成对旅游的具体认知，旅游人群仅停留在海外传教士和国内高官贵族。随着社会进一步开放和发展，北戴河在国家政策的推动下，不再只是简单的、季节单一的休闲避暑度假旅游区，逐渐形成旅游要素多样、旅游产品丰富的滨海旅游度假区，通过不断完善旅游服务接待基础设施，加强与地方文化的融合，形成了一批具有创意和特色的旅游项目和旅游活动，营造出"魅力、活力、美丽"的滨海旅游城市形象，成为海内外重要的国际旅游度假区。

南戴河与北戴河隔河相望，有着极其优越的地理位置，处于两大经济圈（环渤海经济圈和京津冀经济圈）的中心地带，被人们亲切地比喻为"京津后花园"。南戴河在行政规划上略显复杂，在发展过程中，名义上于2017年将南戴河的所属权交于北戴河区，但实际上早在2015年南戴河的管理权就已交于北戴河新区[①]（借由北戴河的名气命名，是一个功能区），在规划当中，新区主要包含南戴河、中心、赤洋口和七里海四个部分，黄金海岸也坐落其中，海岸线长达50多公里。南戴河海滨旅游度假区可谓是一处天然的休闲度假区域，拥有细腻柔软的海沙、潮汐平稳的海面和温度适宜的海水，旅游者可以尽情地进行海浴、沙浴和日光浴，还能领略月夜海滩的银色之美与日光海岸的交汇之美。南戴河国际娱乐中心地处南戴河旅游度假区省级森林公园内，东面与蓝色大海相连，南北西三面被绿色森林环绕，具有丰富的自然和旅游资源，是一处将"休、娱、游、健"四要素融为一体的滨海旅游景区，打造出了众多具有创意、富有特色、足够

---

① 祈雨馆.北戴河、北戴河新区、南戴河、东戴河是什么关系？［EB/OL］.（2021-07-15）［2022-03-21］. http://www.360doc.com/content/21/0715/20/28504960_986703413.shtml.

新奇的旅游游艺项目，充分结合了自然生态资源，让游客在游中深刻体验自然和科技的伟大。秦皇岛黄金海岸在被发现之初，由于有着能与澳大利亚昆士兰州著名海滨"黄金海岸"相媲美的景色而得名。虽与北戴河的海岸相距较近，但有着与北戴河海滨景色截然不同的风光。虽同处于渤海湾西岸，但在黄金海岸几乎望不到石头，只有一道道沿着海岸线凹凸有致的"新月状"沙丘，宛如一条"百里金龙"，在远处熠熠生辉。黄金海岸不只有沙丘，还有沙堤、潟湖、林带等海洋型自然景观及海区自然生态环境，这些都是不可多得的自然生态奇观，具有重要的科研和观赏价值。

东戴河是三个旅游风景区中最为原始、最为自然的区域，是渤海湾唯一一处未被开垦的环抱式内海，被誉为"渤海湾最后一片净海"。东戴河旅游景区具有四通八达的交通网络，极大地增强了区域可进入性，同时它还是一处集原始自然与历史文化于一体的文化旅游景区。早在秦汉时期，东戴河被御用为皇家海洋，成为当世帝王观海看海之地，享有极高的地位和待遇，还是我国著名历史人物曹操所作诗词《观沧海》的原始地址。东戴河身处我国福文化的发祥地，东临大海、西靠高山，是一处绝佳的风水宝地，引得近百种鸟类前来栖息。

（2）旅游发展的重要驱动因素

渤海湾西岸依靠自身优越的地理位置和优良的自然生态环境，引得海内外众多旅游者前来观光游览，使渤海湾西岸这一片区成为综合性的旅游场所，形成了系统的以旅游产业为核心的功能区，专门打造各式"新、奇、特"的旅游项目，满足旅游者的差异化旅游需求，并与当地特色和历史文化相结合，突出各区域的独特景观和文化色彩，实现文化与旅游产业融合可持续发展。如今，渤海湾西岸已经发展成为一片较为成熟的旅游线性空间，各旅游风景区都已具备自身的特色亮点，形成优势互补、各有千秋的空间旅游带。而驱动这一整体旅游业发展的因素大致可归为以下三个方面。

地理位置优越。渤海湾西岸背靠渤海，前居京津冀都市经济圈，有着非常好的国内乃至国际旅游市场，是不可多得的旅游黄金地带，为出入境旅游提供了便利的条件。同时，渤海湾属于浅水海湾，海域深度较浅且整体地势平缓，加上海洋性气候的影响，四季分明，全年基本很少出现恶劣天气，夏季气温平均在25℃[①]，是非常适合人体的感官温度。这些自然基础条件使发展旅游业成为可能，并在一定程度推动了整体区域旅游产业的发展，减少了旅游者对海洋旅游活动的风险感知，使更多旅游者愿意只身前来感受海洋带来的魅力。

旅游资源丰富。渤海湾西岸地区拥有丰厚的旅游资源，不仅有"蓝色"的海洋资源，还有"绿色"的森林资源，具有良好的自然生态环境，是各类动植物物种优渥的保育地，每年多种水鸟类动物将此地作为自己游憩的场所，常常现身于海岸线周边。而在地壳运动的作用下，渤海湾也在发展的过程中逐渐产生变化，形成了由大自然雕刻的神奇景观，极具研究和观赏价值，驱使着各类（观光类、研究类和考察类等）游客慕名而来，想要一睹这奇特光景。多样的旅游资源也为旅游活动的多样化发展提供了条件和可能，满足了大众游客的多样化需求，减轻了旅游需求变动性带来的影响。

旅游形式多样。渤海湾西岸地区各方面条件发展较好，有着先进的技术和软实力，能够全方位支持旅游产业多样化发展，打造风格迥异的旅游风景区，形成风格差异化、类型多样化的同区位旅游发展带。在发展过程

---

① 周志颖.秦皇岛旅游产业可持续发展研究［D］.呼和浩特：内蒙古农业大学，2018.

中，合理运用海洋、沙滩和森林等资源优势，有效整合，自我加压，实现滚动式发展。且不拘泥于单一的旅游形式，充分因地制宜、因海构园，将"游、景、娱"融为一体，打造出多种游艺项目，如"四滑"（滑沙、滑草、滑艇和滑圈），成了广大游客心中休闲度假、体验生活的又一理想场所。

（3）大型线性空间的凝聚因素分析

渤海湾西岸是一处发展较早，也较为完善的旅游风景带，主要以滨海景观为主，针对渤海湾的自然资源，形成了与海洋文化相结合的各类特色旅游风景区，并将整个旅游片区进行合理划分，各片区都形成了自己的主题，彼此间相互影响、共同发展，在不同地方的旅游片区可以获得不同的旅游体验感，减轻了旅游者对同类型旅游的乏味感。渤海湾西岸逐渐发展成为旅游类型明确、旅游形式多样的大型旅游空间，而使这一大型旅游空间发展凝聚的因素大体可以归纳为以下三个方面。

第一，有序合理规划，发挥带动作用。渤海湾西岸旅游业发展较早，可谓是中国旅游业发展的开拓者。在整体发展过程中，合理正确的总体规划能够使具体实施和操作人员有明确的方向和目标，建设流程更加顺利，建设结果也更加符合市场大众需求，易使旅游者接受和认可，得到很好的推广和普及。渤海湾西岸在规划期间，充分考虑到了"先富带动后富"的带动作用，借助北戴河旅游在国内外享有的名气，对其他旅游景区（南戴河、黄金海岸等）进行规划发展，还设立专门的北戴河新区对这些重点旅游景区进行经营和管理，使得区域旅游业得到了进一步扩张，各旅游景区也有了更加统一和标准化的发展。

第二，顺应社会需求，引进先进技术。渤海湾西岸地处环渤海经济圈和京津冀都市经济圈的交会地带，具有四通八达的交通网络，周边城市发展水平较高，各方面技术都相对先进。沿岸地区在发展旅游的时候，也借势而为，利用其经济与技术的优势，将先进设施设备投入旅游行业，并根据当时社会发展的迫切需求，引入相应所需的先进设备。如在近现代中国旅游业发展的起步阶段，人们刚经历过长期惨烈的战争，需要进一步休养生息，寻觅一处适合疗养的场所，而北戴河优良的生态环境和夏季适宜的气候，正好满足人们休闲疗养的需求，当地也顺势而为，引进先进高级的医疗设备供游客享用。而现在进入大众旅游时代，游客对娱乐体验方面的需求提升，沿岸地区也积极引进和开发新型旅游项目，配备更加先进、更加适用于旅游者的设施设备。

第三，重视旅游发展，整合当地资源。渤海湾西岸沿岸地区相当重视旅游业的发展，致力于将周边旅游景区发展成为海内外知名的旅游胜地，并将丰富的自然、文化和旅游资源进行有效地整合，开发出主题不同、各具特色的旅游景区。尽管这些景区均属于渤海湾这一片区，旅游类型和旅游资源会稍有重合，但各旅游片区很好地将其进行了划分，开发出了多种旅游形式和旅游项目，使每个景区都有自己的侧重，形成了优势互补、共同发展的大型片状文化与旅游发展空间，使资源得到了充分的利用与展现。

4. 京张（北京城区—延庆—崇礼）冰雪文化旅游带

（1）基本情况

冰雪旅游属生态旅游范畴，依托于冰雪资源和自然气候等条件，在运动类和游乐类等类型中，冰雪旅游的旅游项目和活动具有极强的参与性和刺激性，非常适合于当代青年团体的旅游需求。且部分旅游者在体验和尝试的过程中，逐渐喜爱和享受冰雪项目带来的乐趣，成为冰雪旅游的终身爱好者，极大地增强了冰雪旅游的重游率和冰雪经济。

自北京和张家口于 2015 年下半年成功取得冬奥会及冬残奥会的举办权起，冰雪旅游发展迅速，将"冷资源"转化为了"热经济"，逐渐形成了以"京张地区"为主体的冰雪文化旅游带。北京是中国的首都，在各方面基本具有一定的带头和示范作用，旅游业也不例外。北京市旅游行业起步较早且发展成熟，根据"2019 年世界旅游城市发展排行名单"显示，北京市名列前茅，位列第五，全年的游客接待量高达 3 亿多人次，为整体旅游相关行业创收 6000 多亿元。张家口是北京市的"北部门户"，坐拥重要的地理位置，是古代军事战争的必争之地，也是农耕、游牧、商贸和军事等文化的交融之地。张家口市的冰雪旅游资源也不容小觑，曾在 2017 年获得"中国十佳冰雪旅游城市"的荣誉称号。并且张家口崇礼区拥有整个华北地区面积最大的天然型滑雪场，被赋予"东方达沃斯"的称号，同时还是北京冬奥会的主场地之一。这两座城市都拥有着浓厚的历史底蕴，文化、生态系统和自然资源等各方面都有一定的相似度，为两地融合发展提供了良好的基础条件。同时，随着交通网络的不断扩张与延伸，北京与张家口往来通行的公交线路已发展到四条，彼此间已进入"一小时路程"通行圈，为两地居民和游客在交通上提供了更加便捷、更加经济的通行方式。

在 2022 年北京冬奥会举办的背景和热潮之下，党和国家政府给予了高度重视，出台了"带动三亿人参与冰雪旅游运动"的实施纲要，树立了"绿水青山就是金山银山、冰天雪地也是金山银山"的发展理念，使得冰雪旅游的知名度得到了广泛传播，为京张地区滑雪运动吸引了众多来自周边地区的旅游者。在国家的号召下，京张区域文化旅游也一直以高质量、品牌化发展作为基准，科学规划统筹，实施"一体化"发展战略，构建优势互补、交叉融合的区域旅游带发展格局,依靠四通八达的交通网络(京礼、京藏和京新高速及京张高铁),打造融会贯通、要素融合的精品旅游线路,使京张冰雪文化旅游带在整体发展的前提下,得到了有效的细分和整合(见表5-3)。

表5-3 京张区域文化旅游精品线路

线路名称	区域
冬奥冰雪之旅	石景山区—海淀区—朝阳区—延庆区—崇礼区
长城古道之旅	昌平区—延庆区—怀来县—赤城县—宣化区—万全区—桥西区—桥东区—崇礼区
绿色生态之旅	昌平区—延庆区—怀来县—赤城县—张北县
红色研学之旅	东城区—海淀区—延庆区—桥东区—宣化区—张北县
京张铁路之旅	海淀区—昌平区—延庆区—怀来县—桥东区
万里茶道之旅	张北县—桥西区—崇礼区—宣化区—怀来县

京张冰雪文化旅游带沿线主要区域北京市延庆区,积极响应北京冬奥会的号召,在冬奥会前举办冰雪旅游季,为区域冰雪运动和冰雪旅游造势,将冰雪旅游推向一个小高潮。该旅游季将"畅游冰天雪地,乐享北京冬季"作为主题,融入了冬奥、地方文化和区域特色等要素,汇聚了滑雪、登山、徒步、自驾和美食等多种旅游资源,推出了冰雪节庆、冰雪赛事和戏雪乐园等多类型活动。延庆区作为2022年北京冬奥会的主赛区之一,与张家口赛区形成了自然的联系,也成了两地深入往来交融的契机。京张两地大众滑雪运动交流赛自2020年举办以来,吸引了大批来自两区域之间的滑雪运动爱好者,这一赛事在一定程度上促进了冰雪运动的发展,拉近了两地在冰雪运动方面的交流,将"带动三亿人参与冰雪运动"的美好愿景化为实践。同时,延庆区在发展冰雪文化旅游的过程中,积极

发挥京张两地廊道优势，推动一体化发展，打造与之匹配、多样化的精品旅游线路，提炼出地方冰雪文化特色，为我国冰雪文化旅游提供了开创性和示范性作用，成为京张冰雪文化旅游带的重要支撑[1]。延庆区两大滑雪场（万科石京龙滑雪场和八达岭滑雪场）针对不同的目标人群，结合自身资源条件，打造出各具风采、优势互补的滑雪雪道。万科石京龙滑雪场将目标客户群定得较为广泛，还专门为残障人士以及3至6岁的小朋友设置了冰雪乐园，让他们也能够参与其中，体验冰雪资源带来的乐趣。八达岭滑雪场主要针对初级滑雪体验者，场内设有大量保护措施，极大地削减了初级者的心理负担，并有专门的滑雪教学区，旅游者可以根据自身情况选择不同类型和等级的滑雪教练。

（2）旅游发展模式

京张冰雪文化旅游在2022年北京冬奥会的大背景下迅速发展，使北京—延庆—张家口三个赛区形成了天然的联结体，利用轴线的联动作用，由点到面发展成为涉及全域的冰雪旅游空间。北京和张家口两地在经济与社会资源方面存在着明显的"密度差"，由"高密度"的北京逐渐向"低密度"的张家口蔓延[2]，使京张冰雪文化旅游带形成了资源融合、优势互补的一体化均衡发展模式[3]，这一模式主要体现在以下三个方面。

在资源方面，采取京张冬季冰雪旅游资源整合开发模式。京张地区冰雪文化旅游在一体化发展的基础上，充分借助政府和市场的坚实力量，再

---

[1] 沈伟斌.京张冬奥会背景下京津冀地区大众滑雪运动发展研究[J].河北科技大学学报（社会科学版），2017，17（1）：24-30.

[2] 冯凌，王金伟，刘乙.中国冬奥旅游发展战略与布局[M].北京：经济管理出版社，2021：140.

[3] 北京市旅游发展委员会.京津冀旅游协同发展初步实现"四个一体化"[J].前线，2017（10）：73-75.

根据两地的实际状况，对冬季冰雪资源进行整体把控、合理开发，避免开发建设过程中的无序性和重复性，将各地资源的优势和特色都充分展现出来，营造出同一类型下形式多样的冰雪旅游乐园。在政府层面，充分发挥政策的推动力，调动相关学者研究冰雪旅游目的地的资源环境承载力，制定相应的开采建设环境评估标准，确保冰雪旅游的可持续绿色发展。在市场层面，充分发挥需求的导向力，根据旅游者的类型和旅游需求，开发相应的旅游资源，调动旅游者的积极性，增强旅游者的体验感和参与感，打造出了款式多样冬季冰雪旅游产品。

在推广方面，采取"整体把控、精品线路"的营销模式。京张两地通过设计统一的标识和吉祥物，使冰雪文化旅游作为整体共同包装与推广，将旅游带打造成为不仅是地理位置上的京张走廊，更是具有文化色彩的区域一体化旅游产品。同时，京张冰雪文化旅游带立足于高质量发展的起点，以精品化、品牌化为建设要求，借助冬奥会的东风，发挥"冬奥"品牌效应，联合三个主要赛区，形成多条以冰雪旅游文化资源为主的精品旅游线路。始终坚持统一的管理和推广方式，构造品牌"冬奥+"旅游产品集群，结合国际市场，将京张冰雪文化旅游带沿线冬奥文化推向海内外，打造范围更广的冬奥文化产业集群。

在协作方面，采取"双向奔赴、发展共进"的合作模式。京张两地在合作共进的过程中，相互促进、双向对接，确认了各自区域的功能与作用，整合两地自然生态资源和社会资源。在携手申办冬奥会的过程中，就已将两地的差异化特色展现出来，充分体现出北京"旅游集散、资本密集"和张家口"冬季资源富集、生态环境良好"的特点，为构造资源互补、协作发展提供了坚实的基础，进一步推动了两地区冰雪文化旅游产业融合发展，构建起牢固的京张冰雪文化旅游带，使区域旅游带沿线相关产业也携手共进，共同促进北京和张家口区域旅游的合作与发展，推进冬季旅游一体化进程。

（3）大型线性空间的凝聚因素分析

京张冰雪文化旅游带主要立足于北京—延庆—张家口三个赛区，打造冰雪文化、助力冬奥品牌，使更多旅游者都参与其中，感受"冷"资源带来的蓬勃朝气，纷纷加入滑雪大军，让全民一同在冰雪的世界里滑翔，起到了很好的健身和加强全民身体素质的作用。三个赛区各具优势和特色，在整个京张冰雪文化旅游带的形成中携手互助、功能互补，打造出了多条冰雪旅游精品线路和形式丰富多样的冰雪旅游项目。在2022年北京冬奥会的助推下，京张两地迅速形成以冬季冰雪资源为主的大型旅游带，而这一大型线性空间凝聚的因素大致可归为以下三个方面。

第一，注重国家政策，把握战略机遇。2022年北京冬奥会在北京和张家口地区举办为京张冰雪文化旅游带发展提供了宝贵的战略机遇，得到国家政府和全国人民的高度重视。全面建设京张冰雪文化旅游带是对"带动三亿人参与冰雪运动"和"全民健身"政策的具体落实和实践。同时，在政策的推动下，各地学者也都纷纷响应国家的号召，为冰雪旅游的发展和冰雪资源的利用提供相应的理论支持与指导。在国家政策和地方学者双重的助力下，京张地区把握机遇，以高质量发展为要求，借助两地优势，深入发展区域冰雪文化旅游。

第二，携手双向发展，整合区域资源。京张两地依托交通网络的带动作用，协同发展，共同构建一体化的京张冰雪文化旅游带。始终坚持"一盘棋"的发展思维，展示各区优势，推动两地深入合作，带动冰雪文化旅游带沿线相关产业共同发展，使整体冰雪旅游空间更具凝聚力和推广力，增强了区域整体旅游竞争力和吸引力。同时，在坚持一体化发展的基础上，将区域各类资源和各产业链进行有效整合，打造出一批特色鲜明、形式多样、产业互嵌的冰雪文化旅游场所，使冬季冰雪资源得到了适度合理的利用。

第三，发挥品牌效应，打造冰雪文化。京张冰雪文化旅游带在发展过程中，非常注重品牌建设和文化提炼。依托于北京冬奥会的举办，大力推行高质量的"冬奥"产品以及"冬奥+"产业链，为冬奥品牌赋予中国的文化内涵。京张冰雪文化旅游带不再只是区域往来的走廊，而是更加富有区域冰雪文化的交流沟通场所，使两地资源得到很好的融合与发展，使冬季冰雪文化也得到进一步渗透，让全民都更进一步了解到白色冰雪资源所蕴含的色彩。

第六章　关于长城与长征国家文化公园的思考

一、长城国家文化公园

长城，是中国古代以城墙为主体，同大量的城、障、亭、标相结合的伟大的军事防御工程，其修筑历史可上溯到西周时期。秦灭六国统一天下后，秦始皇连接和修缮战国长城，始有"万里长城"之称。万里长城既是中原王朝的边防线，体现了古时完整军事防御体系，也是农牧经济的分界线，见证了中华民族"多元一体"的历史，作为中国对外文化输出的"金名片"，是中华民族的伟大象征，也是全人类的宝贵文化遗产。其遗址跨越10多个省、自治区、直辖市，由西向东，穿过沙漠，跨过高山，越过山谷，在崇山峻岭中蜿蜒而行，最后直抵大海，是我国乃至世界修建时间跨度最长、工程量最大、分布最广的具有线性特征的文化遗产。

万里长城中，八达岭长城被前人称为天下九塞之一，是明长城最早向游人开放的一段，1958年八达岭开始接待游客，成为全国长城旅游的标志。其后慕田峪长城、司马台长城、古北口长城等具有代表性的长城陆续进行开发保护和利用，吸引众多中外游客进行参观游览。除却已被众人熟知的开发完全的长城外,还有大部分未开放的"野长城"集中在欠发达的边远地区,其中有些保存情况较差,只能勉强分辨出长城遗迹,甚至近三成长城已经毁灭消失[①]。由此可知,长城保护不容乐观,同时目前长城的保护和利用呈现"单打独斗"的现象,长城的整体维护和利用成为近年来亟须解决的问题。

2017年9月《北京城市总体规划(2016年—2035年)》正式发布,提出建设北京长城文化带。由此,长城旅游由"点状发展"提升为"带状发展"的新战略、新思考。2019年7月24日,在中央全面深化改革委员会第九次会议上正式审议通过的《长城、长征、大运河国家文化公园建设方案》中提出建设长城国家文化公园。拥有长城资源的全国多个省区市,都在规划建设长城国家公园、长城文化带等。建设长城国家文化公园这一项跨省域、跨部门的重大工程,背后逻辑正是线性文化遗产保护和利用的共性问题。

2. 旅游发展及驱动因素分析

(1) 长城旅游资源

万里长城是世界七大奇观之一,一直以来就颇受国内外游客关注,而"不到长城非好汉"这一说法更是让众人心驰神往。

单从长城本体而言,目前的长城是历经2000多年的历史演进,经过自然侵蚀和人类干预下,展现出古建筑和古遗址形态并存的独特遗存形态,是世界建筑史上的奇迹,是独一无二的旅游资源。

就长城价值特征而言,在历史发展过程中,长城不仅起到了军事防御

---

① 马保春,朱江颂. 长城文化带保护和建设的现状、问题与对策[C]//北京文化发展报告(2018年·首都文化卷). 2019:176-201.

作用,而且促进了沿线的文化交流、民族融合,因此长城沿线形成了以长城文化为核心的历史文化遗产资源。在抗日战争时期和解放战争时期,长城沿线抗击侵华日军进攻激发了中国全民族的爱国主义精神和抵御外敌、视死如归的民族精神,在长城沿线留下了极为丰富的革命文物和红色文化资源。同时,长城穿越崇山峻岭、坝上高原等地带,生态环境良好,有着众多的生态旅游资源[①]。因此,长城为超大型的线性文化遗产,各类遗存面貌清晰,且与沿线自然地貌完美结合,有重要的资源凝聚作用,从线性空间角度出发把握长城旅游资源发展长城旅游才是最终落脚点。

(2)市场条件

除却得天独厚的旅游资源禀赋外,长城横跨的众多地区,如陕西西安、京津冀地区等,有着其他旅游吸引物和完备的旅游服务设施,为长城旅游发展提供配套服务及优势互补。

如北京是中国政治、文化和国际交往中心,拥有众多辉煌的帝都景观和现代大都市的摩登元素,同时北京作为万里长城的核心区域,长城北京段是长城国家文化公园建设的重点区域。北京强硬的经济实力和丰厚的旅游资源使得该区域旅游消费层次高,旅游营销推广力度大,对外来旅游者的包容程度好,从而为长城北京段旅游发展助力,提高长城国家文化公园建设影响力。

(3)竞争驱动

增加旅游资源禀赋和旅游吸引力能够为地区带来切实的直接增益,因此长城沿线各区域都致力于最大限度挖掘当地长城旅游资源,抓住长城国家文化公园建设机遇,大力发展长城旅游,促进当地经济发展。但长城各

---

① 吕忠霖.北京长城保护与发展简要概述[J].北京文博文丛,2020(1):109-114.

段可开发利用程度具有明显差异性，各段之间必然存在竞争，由此，将各区域利益最大化的做法便是长城沿线各区域统一目标，选取优势资源进行整合，重点利用，错位发展，形成紧密联系而又各具特色的功能区，在同一大目标下丰富长城文化带的利用形式，以此减缓人流集中带来的部分点段利用强度，提升各类资源的整体利用水平[①]。

3. 发展方向

目前长城国家文化公园建设中存在旅游化利用率低、旅游市场运行经济效益低下、旅游运营模式单一、长城文化旅游品牌影响力不高等问题。

（1）打造纵向旅游交通和线路产品

目前长城旅游主要以观光为主，缺少游客探索体验过程，由于地势、自然损坏等原因长城段与段之间缺乏联结，万里长城缺乏连贯性，可通过顶部维修贯通、近距离蛇形徒步道、户外营地链等方式连通和打造部分徒步段落，大力发展自驾旅游、徒步旅游等新业态，推出精品长城徒步游产品，打造出一个集体验学习长城文化和爱国主义教育于一体的旅游品牌。

（2）整体品牌与分段主题共建

长城沿线有巍峨高山、茫茫草原、浩瀚沙漠，最后奔向苍茫大海，不同区域有不同的表现形式。由此，各重点段的建立应考虑资源的不同类型，考虑各点之间的差异性，以及同一点中各类资源的差异性及互补关系。长城沿线区域之间由整体长城遗产资源而建立关联，在统筹长城文化带各类资源的功能协同，塑造"万里长城"长城国家文化公园整体品牌之外，还需加强长城文化带内资源要素的开放性，各段有不同侧重点，使长

---

① 汤羽扬，刘昭祎，张曼.区域协同发展框架下的"北京长城文化带"建构初探[J].北京建筑大学学报，2016，32（3）：1-5+15.

城国家文化公园整体品牌与分段主题共建。

（3）文旅深度融合，依据资源禀赋发掘旅游活动

依托丰富的长城周边生态旅游资源与长城文化深度融合，以独具创意的特色户外精品赛事为载体，通过挖掘长城蕴藏的丰厚文化、历史、建筑、艺术、军事内涵，体验中华民族的悠久历史文化。如在长城沿线沙漠戈壁地区举办汽车（摩托车）拉力赛、研学等专项文化旅游"荒漠型"赛事活动、文化活动，以赛事带动旅游，用文化推动长城国家文化公园建设，实现长城沿线长城文化带旅游综合实力和经济效益双提升。

（4）适度放弃"全线统一"思维

以线性旅游思维考虑长城国家文化公园建设，既不能粗暴地肢解和碎片化长城主题，也不能简单地把长城景点带状化完全统一开发，在部分点可采取分段运行方式，考虑长城资源富集程度与辐射地经济发展基础状况下可集中在中西部地区打造国际旅游枢纽和重要节点。如"天下第一雄关"嘉峪关，其景点紧扣长城文化及丝路文化的脉系，甘肃敦煌汉长城遗址段是全国最独特、保存较完整的汉代长城，此类段点已具有一定知名度和影响力，并具有自己的特色，应适度放弃"全线统一"思维。

二、长征国家文化公园

1. 基本情况

2021年8月，国家文化公园建设工作领导小组印发《长征国家文化公园建设保护规划》（以下简称《规划》），在《规划》一文中指出要整合长征沿线15个省区市文物及红军长征历程和行军线路等红色文化资源，构

建长征总体空间框架。其主体建设范围涉及长征途经的15个省区市，包括73个市（州）、372个县（市区），呈现大尺度的空间范围，可见长征国家文化公园是将红军长征路线这一历史主题事件作为大型线性文化遗产串联的重要方式。

长征是中国人民历史上的伟大篇章，中央红军历经两年艰苦长征，进行了大大小小战役近四百次，击溃国民党军数百团，过荒草，越沼泽，翻雪山，行军二万五千里，途经15个省区市，沿线遗留下极具中国特色的历史印记，具有巨型线性文化遗存特征。长征国家文化公园各段建设正是将长征文化线路紧密连接，将长征这一历史生动再现。

除长征历史遗物遗迹之外，这段伟大历史衍生出的长征精神是激昂民族复兴、国家昌盛的强大力量，也是长征国家文化公园各段建设的内核。在"五四运动"如火如荼进行过程中，长征精神就已经开始萌芽，这时的长征精神大多属于一种为反对帝国主义霸权及任意欺凌而产生的革命精神。而随着抗日战争、解放战争的开始，长征精神得到进一步延续和发扬。顽强拼搏、不怕牺牲等革命英雄主义逐渐地得到发展，推动更多有志青年投入保家卫国、振兴中华的伟大事业。直到今天，长征精神被凝练成五大精神，成为红色文化教育重要内涵。长征国家文化公园的建设将各个时期的长征精神融入其中，各段建设都围绕其展开，利用有形的物质载体表现出来。

总体而言，长征不仅留存了大量革命旧址、革命文物，也铸就了永放光芒的长征精神和厚重渊博的长征文化[①]。长征国家文化公园以省为单位，整合长征沿线15个省区市文物和文化资源，长征精神贯穿始终，根据红军长征历程和行军线路来构建总体空间框架，各省各有其侧重点又交相辉

---

① 黄剑镖，熊国发，王明忠，等.打造具有昭通特色的长征国家文化公园[N].云南政协报，2021-12-31（004）.

映，凝练同一历史主题。

2. 旅游发展及驱动因素分析

（1）旅游资源

长征沿线各地有着丰厚的自然和人文旅游资源，不仅有秀丽壮美的自然风光，也有壮烈激昂的红色记忆，为建设长征国家文化公园奠定坚实基础。

长征遗址数量众多、覆盖面广。红军长征沿线15个省区市内存留了类型多样、数量丰富的长征文物和文化资源，留下了诸多会议会址、烈士墓等革命遗址有形文物，也留下了许多无形遗产，红色旅游资源丰富。

长征文化独树一帜，影响深远。长征文化作为文化的一种具体形态，既具备文化的共性，又具有自身的个性[①]。在红军万里长征这一历史重大事件中，中国共产党领导的工农红军粉碎了国民党的围追堵截，建立了辐射到全国的革命根据地，实现了中国共产党和中国革命事业从挫折走向胜利的伟大转折，开启了中国共产党为实现民族独立、人民解放而斗争的伟大新篇章。经过几十年的沉淀和发展，长征文化凝聚成长征精神，是国家形象和民族符号的展现，具有永久生命力。

此外长征沿线地区自然资源丰富，生态良好。长征沿线地区多为山区，生态旅游资源同样丰富多样，开发出赤水丹霞、海螺沟冰川森林公园等著名生态旅游区。

（2）市场条件

目前，红色旅游发展持续升温，研学旅行也正处于发展机遇期，各红

---

① 韩洪泉.长征文化论纲[J].苏区研究，2021（6）：52-64.

色旅游地成为各单位、企业开展党史学习教育的基地，是老一辈追寻历史足迹，回望峥嵘岁月的纪念地，是新青年感悟长征精神，坚定理想信念的研学地……若红军长征沿线15个省区市抓住长征国家文化公园建设这一历史机遇，依托各段红色文化资源及得天独厚的自然资源，整合打造成熟长征国家文化公园品牌，融入旅游观光、休闲娱乐与红色党史教育等多种功能，就能够吸引社会各个年龄层和职业群体参观游览，市场潜力巨大。

（3）竞争驱动

不同于交通线路、军事工程和自然河流水利等实体性文化遗产，红军长征线路是历史主题事件类别的文化线路类型[①]，同时兼具红色教育性质，在目前国内众多红色旅游目的地资源禀赋差、竞争力弱，文化类型上具有高度雷同性的情况下，寻求异质性成为发展红色旅游的重大突破点。因此，将长征沿线进行线性整合，让本身具有较强吸引力的红色景点、自然风光更具竞争力的同时，令长征沿线不具备红色顶流吸引力的小众景区搭上"顺风车"，提高知名度和影响力。

3. 发展方向

目前长征国家文化公园各段建设进度参差不齐。同时，由于长征线路在历史进程中遭受自然、人为破坏和开发整改等问题，存在长征线路空间零散、空间边界不清的状况。此外，长征沿线部分地区发展相对滞后、资源冗杂、总体缺乏制度性安排导致长征国家文化公园出现国家系统性、融合度、协调性不足的问题。

---

① 刘立武，夏超，易维良.基于线性文化遗产保护的长征国家文化公园规划探索——以湖南永顺段为例[C]//.面向高质量发展的空间治理——2021中国城市规划年会论文集（09城市文化遗产保护）.2021：194-200.

（1）把握时间脉络，强化"连续性"

长征依托实际历史事件展开，天然地具有顺序性、连贯性、整体性，因而，每一段落、每一节点之间，应当强化连续性和整体性，使得长程旅游活动具有"连续剧"的连贯感。长征国家文化公园的建设，一方面要在"省负总责"的要求下扎实推进各段和重要节点建设；另一方面，更要注意段与段、段与整体之间的联系。统一标识，统一"故事"，打通交通，上承下接。

（2）落实资源整合与跨区域协调设计

长征国家文化公园地跨我国东、中、西三大区域，加强区域间协调建设发展，有助于推动西部大开发、中部地区崛起、东部率先发展，促进革命老区、民族地区、边疆地区、贫困地区加快发展。长征国家文化公园作为一个整体，借鉴线性文化遗产保护理论，长征文化遗产的保护与利用应超越地域的界限，整体协调、协同开展。长征文化遗产分布地跨长距离、多省份，促进跨区域协调包括推动优势资源地区与非优势资源地区、经济发达地区与经济欠发达地区、政府主导的地区与以市场为主的地区的协同合作、共同建设。考虑设置长征国家文化公园"专门委员会"，负责跨区域的调研、规划、协调、宣传、检查等工作。应充分发挥专家咨询委员会的专家力量，同时委托或联合特定高校和科研院所组织开展工作。要进一步明确和细化各地工作任务的要求，包括内容、重点、标准、期限等。支持长征国家文化公园项目的重要关联省份建立省际协调组织并开展工作。在区域内，还要积极整合长征国家文化公园内现有的国家级风景名胜区、国家历史文化名村、中国历史文化名镇名村、全国重点文物保护单位、全国爱国主义教育示范基地、国家级烈士纪念设施保护单位、全国红色旅游精品线路经典景区等多个分类以及相应机构，统一到长征国家文化公园的管理中。

项目策划：段向民
责任编辑：沙玲玲
责任印制：钱　宬
封面设计：弓　娜

图书在版编目（CIP）数据

大型线性旅游空间研究 / 王欣等著 . -- 北京：中国旅游出版社，2025. 1. -- ISBN 978-7-5032-7481-7

Ⅰ . F592.3

中国国家版本馆 CIP 数据核字第 2024WR1715 号

书　　　名：大型线性旅游空间研究

作　　者：王欣　等
出版发行：中国旅游出版社
　　　　　（北京静安东里 6 号　邮编：100028）
　　　　　https://www.cttp.net.cn　E-mail:cttp@mct.gov.cn
　　　　　营销中心电话：010-57377103，010-57377106
　　　　　读者服务部电话：010-57377107
排　　版：北京旅教文化传播有限公司
经　　销：全国各地新华书店
印　　刷：北京工商事务印刷有限公司
版　　次：2025 年 1 月第 1 版　2025 年 1 月第 1 次印刷
开　　本：720 毫米 × 970 毫米　1/16
印　　张：10.25
字　　数：166 千
定　　价：59.80 元
ISBN　978-7-5032-7481-7

版权所有　翻印必究
如发现质量问题，请直接与营销中心联系调换